続 島津忠久とその周辺

薩摩・大隅建国事情散策

江平　望

高城書房

目次※続　島津忠久とその周辺

一部　島津忠久とその周辺　5

島津氏初代忠久の生涯
—朝河貫一博士著『島津忠久の生ひ立ち』に接して—……6

付、島津忠久年譜（増補）39

鎌倉・南北朝時代の河辺郡・知覧院・頴娃郡……48

島津佐多氏の由来について……80

二部　薩摩・大隅建国事情散策　93
薩摩・大隅両国誕生記……94
Ⅰ薩摩国の成立について　94
Ⅱ大隅国の成立について　108
古代「衣評」はどこにあったか……118
薩摩・大隅古代史の謎をよむ……130
あとがき　150

一部　島津忠久とその周辺

島津氏初代忠久の生涯
―朝河貫一博士著『島津忠久の生ひ立ち』に接して―

はじめに

島津氏初代忠久の生涯をたどるに際して、何よりも最初に参照すべき朝河貫一博士論文「島津忠久の生ひ立ち」（一九二九年執筆）が、はじめて単行本として平成十九年六月五日慧文社より発行された（以下『論文』と称する）。

本論文が忠久の出生に関するいくつかの伝承について批判を加えたものであり、その趣旨はおおむね現在の学界に承認され、さらなる成果が積み重ねられていることは言うまでもない。

実はこの『論文』の題目には、ここでは省略したが、副題として「低等批評の一例」という文言が付加されており「低等批評」については『論文』中の「小引（序文）」に次のように説明されている。

余の低等批評と称するものは、（一）史的材料の文字の語る所を吟味して、（二）その示し得る史的事実を追究及び組織の対象とする。（三頁）

以下、私も忠久の生涯をたどって、「低等」ならぬ「劣等批評」を試みたいと思う。というのは、博士の『論文』を読み進めてみると、若干の明白な博士の思い違いや史料の見落としが見られ、これらが博士の名によって史実として定着するのを恐れるからである。

ところで、忠久の生涯を年譜[1]によって通覧してみると、忠久が頼朝の御家人となったことの知られる元暦二年（一一八五）から、建仁三年（一二〇三）大隅国台明寺に下向した年までの十九年間は、ほぼ連年、空白があっても五年にわたる期間は一回しかないが、それから十年の空白を経て、忠久が将軍実朝の学問所番の一人に挙げられた建暦三年（一二一三）から、没年の嘉禄三年（一二二七）までの十五年間はまた連続して所見がある。

そこで、以下空白の十年間以前を前半生、以後を後半生として記述を進めることにする。

一　前半生の記

1　左兵衛尉忠久の鎌倉下向

まず『論文』の第一節に当たる「忠久誕生の年」によると、次の記述がある。

さて忠久の歿年については『東鑑脱漏』には一二二七年六月十八日とし、藩の伝説も多くは之と同じく、其前年三月説は勢力が少い。（中略）『玉葉』には一一八〇年五月六日右近衛真手結の密々見物を記する条に、出車前駈侍の中に左兵衛尉忠久を挙げる。これが同人ならば、其時に忠久を十八歳程の壮年としても、聖栄の一説と同じく一一六三年の誕生となる。『新後撰集』一七に忠久の子忠綱の子と思はれる惟宗忠景の歌の序に賀茂の社で祖父の忠久が検非違使にて祭主であったことを偲ぶと書いてある。（中略）これは明かに忠久が猶ほ頼朝に仕へずに在京した時のことでなければならない。藩の伝説が忠久は一一七九年に生れ一一八五年七歳の時頼朝に謁して云々といふ所と、右の事実とは矛盾する。七歳以前に検非違使や左兵衛尉となり得る筈がない。（一二・一三頁）

右によると、忠久の史料上の初見を『玉葉』に求められているが、『山槐記』によると、これより一年前の二月八日に同じく「左兵衛尉忠久」が春日祭使に供奉したことが知られている。これは小異に過ぎないとしても、なお、忠久が検非違使であったのは、『吾妻鏡』(『東鑑』とも称される。以下『鏡』と略す)によると、一二二五年十二月二十日条に「島津大夫判官」(五位検非違使尉)として見えているように、忠久が御家人として没する二年前のことである(後述する)。このことは、あらためて忠久の生涯について、その再検討の必要を迫るものであろう。

さて、左兵衛尉(七位)という侍身分で王朝に出仕していた忠久が、御家人として鎌倉の源頼朝のもとに下向していったのは、やはり、忠久の母方の祖母比企尼の養子であった比企能員の存在なしには考えられないであろう。

能員の養母比企尼は、京都生まれの源頼朝の乳母であり、頼朝が伊豆に配流中には、夫掃部允とともに武蔵国比企郡を請所として(土地の管理権を得て)下向してきて、頼朝の生活を扶助していたことから、頼朝と密接な関係にあった。能員自身も源家累代の御家人といわれた相模の豪族三浦氏と姻戚関係のあったことが知られている。

『鏡』治承四年(一一八〇)六月二十七日条によると、三浦義澄は千葉胤頼とともに京都大番役を終えて下向しようとしたとき、源頼政が以仁王の平家討伐の令旨を奉じて挙兵した宇治合戦に際会して、一時平家（官兵）軍に抑留されていたが、無事に解放されて、途中伊豆の頼朝のもとに参上し密談を交わしたという。

『論文』でも、能員は「其名及び事歴から考へれば、彼の生ひ立ちは一介の関東武人ではない。」また「本来は京紳の出身なるべく」と推察されている。能員の関東下向は、おそらく義澄と同道してのことであったのではなかろうか。

能員の御家人としての初見は、『鏡』養和元年（一一八一）閏二月二十六日条によると、頼朝に反抗して討伐された一族志太義広の残党の首が鎌倉に到着したとき、頼朝は義澄・能員等に命じて腰越に送り、さらし首に処させたという。

忠久も鎌倉下向、またさらし首の件には、義澄および能員に同行していたのではなかろうか。

2　忠久の伊勢国内の所領

忠久が鎌倉御家人としてはじめて与えられた所領は、島津家文書によると、伊勢国波出御厨と同国須可荘の二箇所の荘園地頭職であった。

これを記した頼朝下文は二通ともその文面は、その地名を除いては同文であるので、ここでは前者の波出御厨の分だけを掲出する（以下、同家文書による史料は読み下し文に改める）。

（源頼朝）
（花押）

下す　伊勢国波出御厨

補任す　地頭職の事

（異筆）「左兵衛尉惟宗忠久」

右、件の所は、故出波守平信兼党類の領なり、而るに信兼謀反を発《おこ》すにより、追討せしめ畢《おわ》んぬ、仍って先例に任せ、公役を勤仕せしめんがため、地頭職に補する所なり、早く彼の職として、沙汰を致さしむべきの状、件の如し、以て下す

元暦二年六月十五日

これらは平家没官領として頼朝の支配地となり、はじめ義経に与えられていた二十四箇所の中の二箇所であったが、平家滅亡後義経が頼朝に反抗したとして取り上げられ、それが忠久の戦功に対する恩賞として与えられたのである。

忠久がこの年の三月壇の浦の源平合戦に従軍したという直接の史料は見られないが、能員が参戦していたことは、頼朝から陣中の主だった武将数名に激励の文書が与えられたときの一人であったことが知られ、また戦後、義経をはじめ有力武将らが頼朝の意に反して、京都で自由任官を果たしたという理由で、鎌倉への引揚げを拒否された中で、能員は、頼朝の側近にあって、頼朝が、義経の捕虜として鎌倉腰越まで護送されてきた平宗盛を御所の簾ごしに引見したとき、両者の言葉を取次いだことも知られている。

忠久が、源平合戦に従軍したとすると、その戦功を頼朝に推挙したのは、忠久がその一族として行動を共にした能員を措いては他にいなかったと思われるのである。

ところで、この両文書については、「左兵衛尉惟宗忠久」に「異筆」と注してあるように、興味深いことが知られており、これについて保立道久教授は次のよう説かれている。

これは私まだ詳細な原本観察をする機会をえませんが、是非知りたいのは、この二つの文書の異筆の問題です。つまり、この文書のうちで、「左衛門《(マヽ)》尉惟宗忠久」という地頭職を与えられた人を示す部分の筆跡、名宛人の筆跡のみが本文とはことなっているのです。ということは、おそらく、広元・俊兼の責任で行なわれた平家没官領二十四箇所について、すべて本文の部分のみがまず執筆され、その後に、これは誰、これは誰と知行人を決定し、記入していったということを意味するのだと思います。そうだとすると、本文の方は、書記が書いて、名宛人の記入は責任者が行ったということも考えられる訳です。つまり、この異筆の筆跡は、大江広元の筆跡か、俊兼の筆跡かどちらかである可能性が高いことになります。まだ断言はできませんが、私は、どうもこれは広元の筆ではないのではないかと感じています。

右は同氏「源義経・源頼朝と島津忠久」（『黎明館調査研究報告』二〇号、二〇〇七年）によるものであり、「左兵衛尉惟宗忠久」の異筆については、「私はどうもこれは広元の筆ではないのではないかと感じて」いるとされているが、実はこの件については、私がすでに先鞭をつけて、小論ながら「島津家文書大江広元執筆の源頼朝袖判下文について」（『ミュージアム知覧紀要』第七号、二〇〇一年）で、広元の手跡であると発表したところであり、その後、林譲氏「花押と筆跡研究の可能性」（『科学』六一二、二〇〇六年、岩波書店）その他で、同様の趣旨の論文を発表され、すでに確定しているところである。

3　忠久の島津荘下司職補任

忠久と島津荘との結び付きは、次の頼朝下文から始まる。

（源頼朝）
（花押）

下す　島津御庄官

早く領家大夫三位家下文の状に任せ、左兵衛少尉惟宗忠久を以て、下司職として
庄務を致さしむべき事、

右、件の庄下司職は、領家下文に任せ、忠久を以て彼《か》の職として庄務を致さしむべきの状、件の如し、庄官宜しく承知して違失することなかれ、以て下す

元暦二年八月十七日

右の下文によると、頼朝は、忠久を摂関家（近衛家）領島津荘の管理責任者である下司職に任命するについては、その権限を荘園領主（本家）から委任されている領家に対して、その旨を荘官（武士）らに周知させるように命じたのである。

頼朝がこのように権限をもたなかった島津荘下司職に忠久を任命させた背景には、つぎのような事情があった。

平家討滅後の九州諸国では武士の狼籍が横行したので、頼朝はこれを鎮定するために、法皇の命令（院庁下文）を奏請したところ、七月二十八日付で法皇から、各国の武士に頼朝の下知に従い、国司・荘家に対する妨害を止め、国司は国務を、荘家は荘務を行えるように、新儀を止め先規を守るようにとの下命を得たので、巡検使二名を派遣してこれを伝えさせた。

鎌倉にはこの下文の写しが八月十三日に届いた。そこで頼朝はこの権限に基づいて、とくに南九州の治安を守るために、近衛家と関係のあった忠久を、薩隅日三国に及ぶ島津荘の下司職に任命したのであり、その際、形式上は先規先例のある領家下文によって任ずるように命じたのである（領家下文は十一月十八日付で忠久に与えられた）。

なお『論文』によると、「大夫三位家」とは藤原邦綱をさすという的を射た指摘がなされたが、この呼称は「諸大夫（四位・五位）の家柄から公卿（三位以上）に達した人」をいい、まさしく邦綱は従五位検非違使尉から近衛家司をつとめ、立身して平清盛に取り入り、島津荘を平氏領としてその領家となり、正二位権大納言に昇任した人物であった（当時は故人で娘の成子が領家をつとめていた）。

4　右衛門兵衛尉忠久の初上洛

忠久の下司職は、その後間もなく頼朝に任命権のある地頭職に改められ、忠久は文治五年（一一八九）奥州征伐のため島津荘内の武勇の士を引率して従軍し、翌建久元年十一月には頼朝の上洛に供奉した。『論文』によると、『鏡』による忠久の初見は一二〇〇年であり、この度の上洛には所見がないと述べられている。ところが『鏡』によると、建久元年（一一九〇）一月七日条に、野路宿（滋賀県草津市）を出立した隊列は、先陣畠山重忠に続いて随兵三騎ずつ三列縦隊、一番から六十番までの人名が連なり、その中の四十七・四十八・四十九番には次の名がある。

四十七番
　右衛門兵衛尉　尾藤次　中条平六
四十八番
　三浦十郎太郎　後藤内太郎　比企藤次
四十九番
　小山四郎　右衛門太郎　岡部与一太郎

右に見える「右衛門兵衛尉」こそは、当時の忠久の通称であったことは、『論文』の中で博士が「『図田帳』によって島津庄過半の地頭であったことを知り得る」といわれた忠久もこの名で記されているのである。図田帳で知られる忠久の通称を『鏡』では見落とされたのであり、これをはじめて発見したのは私の小論(2)であった。

それはさておき、ここに三番引用した中の四十八番には三浦氏と比企氏の二氏の名が見えている。これはやはり偶然ではなく、先述したようにこれらは姻族関係があったことによるものとみられる。ただし、三浦・比企といってもそれぞれの惣領ではなく、忠久の御家人としての序列は、これらと同輩であったとみられる。なお、四十九番に見える「右衛門太郎」とは忠久の一族とみられるが、あるいは二代忠時ではなかろうか。断言できないが後考に備えたいと思う。

5　忠久の守護職および左衛門尉補任

さて、次に掲げるのは「前右近衛大将」すなわち源頼朝家の政所が忠久に与えた文書で、前述の島津荘下司職補佐の下文と同じく忠久の生涯において、その転機をもたらした守護職補任状である。

前右大将家政所下す　左兵衛尉惟宗忠久

早く大隅薩摩両国家人奉行人として、沙汰を致すべき条々の事
一　内裏大番を催勤せしむべき事
右、彼の国家人等を催し、勤仕せしむべし
一　人を売買するを停止せしむべき事
右、件の条、禁遏《きんあつ》せしむべきの由、宣下稠畳なり、而るに辺境の輩、違犯の由、其の聞え有り、早く停止せしむべし、若し違背の輩有らば、重科に処すべし
一　殺害己下狼籍を停止せしむべき事
右、殺害狼籍の禁制殊に甚し、宜しく国中を守護し停止せしむべし
以前条々仰す所件の如し、抑《そんそと》忠久事を左右に寄せ、咎無きの輩を冤凌すべからず、而るに又、家人等優恕に誇るの余り奉行人の下知に対捍すべからず、惣じて不慮の事出来の時は、各勤節を致すべし、以て下す
建久八年十二月三日　　案主清原
令大蔵丞藤原（花押）　　知家事中原
別当前因幡守中原朝臣
散位藤原朝臣（花押）

右の文書について『論文』は左記のように説いている。

> 建久年間に守護となつたといふのは多分一一九七年十二月三日の下文なるものに忠久は薩隅「両国家人奉行人」として内裡大番役を催促し、売買人、殺害以下の狼籍を停止すべしといひ、御家人等は「不可対捍奉行人之下知」、殺害狼籍は厳禁なれば忠久は「宜守護国中、可令停止矣」とあるに拠るのであらう。忠久の職名は只家人奉行人とあり、守護は働《（ママ）》詞として用ひられ、職号ではない。但し彼が奉行人としての職務は守護職のと実質相似て居るから、此時に彼は守護であつたらうとだけはいひ得る。（一一七頁）

この所説を見ると、博士は前掲の下文の信憑性には疑問を抱かれているようである。たしかに本文書は近年に至るまで疑問視されることがあった。その理由の一つは、ここに「別当前因幡守中原朝臣」とあるのは大江広元のことであるが、広元の当時の肩書は、「兵庫頭」であって、「前因幡守」とは誤記であるということにあった。

しかしながら、広元の肩書が誤記されているということは、広元だけ花押が記されていないことと合わせ考えてみると、この文書が鎌倉の幕府政所で作成されたとき、広元はその場に居合わせていなかったことを示すものであろう。では広元はどこにいたのか。広元は以前にも数回上洛して朝廷と幕府との交渉の任に当たっており、このときは翌年正月の除目（任官）に頼朝の嫡子頼家が任官していることを考えると、このための上京であったとみられる。

ところで、本文書が確かに守護補任状であることは、この第一箇条に「内裏大番役の催勤」という、後に守護の大犯三箇条といわれる任務の一つを、この年末に頼朝から命ぜられ、それを薩摩国御家人に触れた文書が伝存していることからも知られる。忠久の「家人奉行人」とはまさしく守護の名称であったのである。

そしてまたあらためて本文書を考えてみると、通例の守護補任状としてはこの第一箇条で十分であるのに、さらに第二に「人の売買の停止」、第三に「殺害狼籍の停止」が命ぜられており（大犯三箇条の一つではあるが）、これらは「宣下」、また「禁制」とあるように、元来朝廷からの政令（天皇による宣旨であり、「新制」と称された）に基づくものであった。

このようにあらためて朝廷に対する忠勤が命ぜられているということは、一面では忠久がこの負託にこたえうる人物であることを証明するものであった。すなわち本文書は忠久が頼家とともに昇任した翌年正月三十日の除目（任官）に際して、忠久の推挙状となったものとみられる。『明月記』によるとこの日の除目の一人に「左衛門尉惟宗忠久」とあり、忠久は左兵衛尉（七位）から左衛門尉（六位）に昇進したのである。

おそらく忠久は本文書を携えて、上洛中の広元に届けたのであろう。その際、誤記が見当り、広元によって正文が整えられ、忠久のもとには誤記の本文書が返され、これが島津家文書としてのこされたものとみられるのである。

6　忠久の島津名字の賜与

こうして忠久は御家人として一かどの地位を得たのであるが、さらにこれに続いて、その生涯において特筆大書されるべき出来事があった。それはこの翌月二十二日に忠久に新しく知行地がふやされることになり（おそらく共に任官した頼家のための働きがあり、その賞賜であったのであろうが）、それを伝える島津家文書中の頼朝からの文書（関東御教書）の宛名に、はじめて「島津左衛門尉」という呼称が用いられたことである。これ以後、忠久は島津氏を称するようになったのである。

すなわち、忠久は京都出身で、本領とする土地を持たなかった。そこで、これまでその出自・身分を表わす、そして朝廷から認証されている氏姓の惟宗を称していたのであるが、ここに至って晴れて島津荘を名字の地とする一流の御家人として認められたのである。

武士にとって名字の地がどんなに重みのあるものであったか。このことについて故石井進氏の名著『中世武士団』（講談社学術文庫版）によると、つぎの記述がある。

『曾我物語』の流布本《るふぼん》（巻二「伊東がきらるる事」）では、曾我兄弟の祖父伊東祐親《すけちか》が武運つたなく生け捕られ、頼朝《よりとも》の命令によってついに斬られる情景をつぎのように描いている。「最後の十念にもおよばず、西方浄土《さいほうじょうど》をもねがはず、先祖相伝の所領伊東・河津の方《かた》を見やりて、執心ふかげに思ひやるこそ無慙《むざん》なれ」と。いまわのきわに念仏も唱えず、極楽浄土への往生もねがわず、ただはるかかなたの先祖相伝の所領、名字の地の方角を「執心ふかげに思ひやる」という姿のなかに、中世武士のありかたが象徴されているように思われる。

まさにこの名字の地こそは、その居館・屋敷を中心として、「土」に根ざした武士の在地支配の展開したところであった。そこには先祖をまつる墓があり、父祖代々の霊魂のやどる場があり、その家を守護する氏神があり、氏寺があった。空間的にも時間的にも、実体上からも観念上でも、それは武士団の支配権の中核を構成する部分であった、といってよい。

忠久としては、ゆかりのある島津荘を名字の地となしえた始祖として、その面目にかけても子孫がこれを重代相伝の地となしうるように、御家人としての覚悟を固めたことであろうと思われる。

なお、このことに関連して、ここでとくに強調したいのは、一般には、「忠久は惟宗姓を改めて島津氏を称した」と表現されていることがあり、これは全くの誤解で、惟宗姓はとくに改変を必要とする姓では全くなかったということである。

実際、惟宗氏は代々その主流は法律家を輩出した名門であり、中でも平安中期に出た惟宗允亮《ただすけ》は、明法博士・検非違使、左衛門権佐などを歴任し、主著として『政事要略』百三十巻があり、最後には従四位下河内守で終ったという。『論文』でも朝河博士は、惟宗氏は「始めにはむしろ文化外人（文化的渡来人）の種胤を誇ったことと察する」といわれている。

このように惟宗氏は源・平・藤・橘に劣らない大姓で、朝廷から公認されている姓であり、この点から見れば、名字は御家人社会だけで尊重される私称にすぎず、朝廷が関係する公的文書では名字は全く通用しないものであった。ただし忠久は、摂関家近衛氏との関係を深めたためであったろう、惟宗姓に代えて藤原姓を用いたことはあった。

7　忠久の大隅国下向と守護職没収

こうして忠久は建久九年（一一九八）の除目で「左衛門尉惟宗忠久」として任官してから五年後の建仁三年（一二〇三）九月四日『鏡』によると、忠久は思いがけず「大隅・薩摩・日向国の守護職を収公される」事態に直面した。

それはこの前日、頼朝なきあと将軍頼家の外戚として権勢を振るっていた比企能員が北条時政の謀計によって討滅され、忠久もその一族として連帯責任をとらされたのである。

しかしながら、不幸中の幸いとでも言うべきか、この時鎌倉にあれば比企氏とともに討たれたのは必定であったが、忠久はその所職所領を没収されただけで、生命を失う状況には至らなかったのである。

では忠久はどこにいたのか。当時大隅国台明寺は朝廷御用の笛竹の貢納所となっていたが、蔵人所から派遣されてきた召物使が、新儀非法をはたらき、寺僧らは離山も辞さないという状況が出来しており、忠久は守護としてこの紛争解決のために当地に下向していたのである。

このことをうかがわせる史料が、島津家文書として収録された台明寺文書の中の忠久願文である。

立て奉る　大願の事

衆集院本堂壱宇三間四面を造立すべき事

右本堂壱宇、造立すべきの由、大願の志は、左衛門尉惟宗忠久上洛の間、無為無事、安穏泰平のため、立て奉る所なり、今度下向の時、早く造立せしむべきの状件の如し

建仁三年十月九日

（島津忠久）左衛門尉惟宗（花押）

これによると、忠久は衆集院（台明寺）において、本堂一宇を造立寄進することを立願した。この趣旨は、忠久が笛竹召物使とともに上洛するについて、途中の無異無事と国土の安穏泰平を祈るためであり、この願いが叶ったならば、今度（次に）当地に下向したときに堂宇を建立することを誓願するというのである。

日付から見て、この立願が忠久の下向中に、比企氏滅亡と忠久の守護職没収の知らせ

を受けて、当地出発直前のことであったことが推察できよう。

これによって忠久は無事に上洛し、使命を果したことと思われるが、これ以後十年ほどの間は、全くその居所・動静をうかがわせる史料がなく、消息不明とせざるを得ないのであり、これを以て前半生の記は終わるわけである。

二　後半生の記

1　忠久の検非違使任官

大隅国台明寺に下向中、比企氏の滅亡の知らせを受けて上洛した忠久は、それから十年後、『鏡』によると建暦三年（一二一三）二月二日条に、将軍実朝の学問所番として、各番六名ずつ三番十八名中の一番の一人に選ばれたのをはじめとして、幕府に出仕し、同年七月には和田合戦、その後の承久の乱（一二二一年）に参戦して、薩摩国の守護および地頭職を還補され、その間、将軍家の出御行列の供奉など、以前と変わりない勤めぶりが見られるようになった。

こうして晩年に近づいた忠久が、その子孫にのこした最大の功績は、検非違使に任ぜられたことであった。

忠久がこの職に任ぜられたことを明記した史料は、『明月記』元仁二年（一二二五）正月二十四日の除目に、「使宣旨左衛門藤忠尚」とあり、また前述『鏡』同年十二月二十日条に「島津大夫判官」とあることである。

前者については、やや正確さを欠く記名であるが、後者と照応して、これが左衛門尉藤原忠久であることが知られる。

「使宣旨」の「使」とはもちろん検非違使のことであり、この官職はいわゆる令外の官で、太政官の支配外の役職であり、直接天皇の宣旨によって任用された。武士は多くは左衛門府の尉（判官）、すなわち六位の者から選ばれた。そしてその功績が認められ、五位（大夫）に昇進する（これを叙留といった）と、大夫判官と称された。

武士の検非違使としての本務は犯人の追捕を主としていたが、とくに王城の鎮護神である上下の賀茂神社の大祭（勅祭）に際して勅使の参詣する行列の警固があり、これに供奉して行列を飾り、多くの貴賤の見物人の目を楽しませていた。鎌倉幕府もこれにならって、鶴岡八幡宮放生会の祭礼、または将軍家の出御を飾るために検非違使を必要とし、御家人を京都に派遣して検非違使に任官させていた。

忠久もその選にあずかり検非違使拝命のために上洛したのであるが、その上洛に当たってはもう一つの重大な任務が与えられていた。

それはこの前年の十二月十二日に行われたことの知られる八十島祭《やそじままつり》に随兵として供奉することであった。この祭は天皇の即位後、勅使を難波津に遣わして、住吉神をはじめ諸神に国土の生成を謝し、治世の安泰を祈る一代一度の儀式祭礼であり、建久二年（一一九一）十一月に行われた八十島祭には源氏の一族大内相模守惟義が随従しており、幕府にとっても重視されていた任務であった。これに忠久が従ったことを明記した史料はないが、これについては後述する。

ともかく忠久はこの役目を果たして、翌年正月に使の宣旨を蒙った、すなわち検非違使に任命されたのであり、そして嘉禄元年（一二二五）四月十九日には、この日に行われたことの知られる賀茂祭に供奉したのである。

これについても史料に忠久の名が記されているわけではないが、『論文』にも述べられたように、惟宗忠景が「賀茂の社で祖父忠久が検非違使にて祭主であった」と記した賀茂祭はこの年しかなく、『明月記』によると、「この日、祭に供奉した検非違使は五位以下五人で、この五位の武士は去年八十島祭に供奉したもので、今日、直前になって五位がいなかったので、六位から昇任された」という記述がなされているのである。

忠景が忠久について、賀茂祭の「祭主」であったと記したのは、何かの思い違いによるものとしても、当日忠久が検非違使一行の最上位にあったことは推認されよう。とすると、前年末に八十島祭に供奉したこと、そしてこれによって五位の検非違使、すなわち大夫判官に任ぜられたゆえんも首肯されるのである。

2　御家人検非違使

以上のことをあらためて時間的に整理すると、左衛門尉忠久は、元仁元年十二月の八十島祭に随兵をつとめ、翌二年（四月に改元して嘉禄元年）正月の除目で、検非違使に任ぜられ（六位）、同年四月賀茂祭で五位に昇任して勅使の祭列に供奉したのである。

ここで王朝人の位階と身分について概述すると、三位以上が公卿、四位・五位が諸大夫、六位以下が侍とされており、これら三段階の身分格差はきびしいものがあった。とくに四位・五位は、官廷内では実務官吏、公卿家では家司として軽視されることがあったが、殿上人として昇殿が許されたので、六位以下の侍身分、すなわち地下人からみると、五位は栄爵とされ、五位に昇進することを叙爵といって喜ばれていた。先述の「大夫三位家」と「大夫判官」との相違がみられるわけである。

検非違使についても五位と六位とでは格差が設けられていた。建久二年（一一九二）三月二十八日の新制によると、「上下諸人の所従および過差（贅沢）」が規制された中で、検非違使については次のような差別のあることが知られる。

○五位
検非違使郎等四人・雑色《ぞうしき》六人・調度懸《ちょうどかけ》一人・放免《ほうべん》五人、此外火長・看督長《かどおさ》等常の如し。
○六位
検非違使郎等三人・雑色四人・調度懸一人・放免三人。

この実情を見るために『鏡』から将軍家の出御の行列に供奉した検非違使の記事を見てみる（右の位階に合わせて年代順を入れ替えた）。

○『鏡』承久元年（一二一九）正月二十七日条
大夫判官（加藤）景廉〔束帯、平塵蒔太刀、舎人一人、郎等四人、調度懸・小舎人童《こどねりわらわ》各一人、看督長二人、火長二人、雑色六人、放免五人〕
○同建保六年（一二一八）六月二十七日条
江判官（大江）能範〔布衣、冠、革緒、細尻鞘太刀、郎等三人、雑色四人、調度懸一人、放免四人〕

鎌倉幕府でも新制の規定がよく守られていることが知られる。調度懸とは主の弓矢持ち、看督長・火長は牢獄を預る役人であり、放免とは刑期を終えた罪人を使役とした者であるが、放免の過差（贅沢）について『徒然草』には、「建治・弘安の頃（一二七五―八七）」と比べて近頃は次のようになったと述べている。

此比《このごろ》は、付物、年を追って過差ことのほかになりて、よろづの重き物を多く付けて、左右の袖を人に持たせて、身づからは鉾だに持たず、息づき苦しむ有様、いと見苦し

「付物」とは金銀などで作った飾り物のことである。

なお、検非違使といえば、『鏡』正治二年（一二〇〇）二月二十八日条によると、将軍頼家の鶴岡社参宮の行列に比企能員が後陣の次に「廷尉　新判官能員」として名を連ねていた。「廷尉《ていい》」とは検非違使の唐名であり、このように御家人らの最後尾に供奉したのは、検非違使が多くの所従を従えていたからであろうと思われる。

ところで、忠久は京都で賀茂祭礼に供奉の大役を果たすと、間もなく鎌倉に下向したと思われる。それはもちろん、それが検非違使補任の一目的であった八月の鶴岡放生会

の警固・供奉の任に当たるためである。ところが、この年の同宮放生会は『鏡』同年八月十五日条によると、前月十一日の北条政子の死去によって延引され、せっかくの忠久の出番はなくなってしまった。放生会はその後十一月二十二日に営まれたが、この時も北条泰時の参宮だけで、ほかに検非違使を必要とする行事はなくなりそうであった。

ところが十二月二十日に将軍家（頼経）の新造御所への御移徙《いし》（引越し）が行われ、前述のように忠久は行列の御後供奉人の最後尾にその名をのこしたのである。

3　島津豊後守忠久の逝去

さて、『鏡』に「島津大夫判官」として将軍家に供奉した忠久は、翌二年正月二十四日までには再び京都にその姿を現わしたとみられる。それはこの日に除目が行われ、忠久は、『明月記』が記したように、「豊後藤忠久」の名を留めたからである。

すなわち忠久は検非違使を辞して「豊後守藤原朝臣忠久」を称することが許されたのである。もちろんこの「豊後守」とは国守としての実務に携わるものではなく「名国司」、名目上の国司であり、その地位が国司（受領）に相当することを公認されたのである。

名目にすぎないとしても豊後国は上国であり（国は大国・上国・中国・下国の四ラン

クの格付けがあり、豊後国は上国に属していた。ちなみに薩摩・大隅・日向三国は中国とされた）、かつて頼朝が平家討伐後に知行国とした九か国の一つで、忠久にとって名誉の称号であった。

翌三年（一二二七）四月十六日には、将軍頼経の病気によって、以前にも数回関与したことのある陰陽道による平癒祈願祭の責任者をつとめたが、この二か月後の六月十八日には『鏡』に次のように卒去のことが記された。

島津豊後守従五位下惟宗朝臣忠久卒

このようにその死亡記事が『鏡』に載せられるのは、五位以上の人物に限られていた。

なお、島津家文書によると、この時忠久は長子忠義（二代忠時）に次のように読める譲状をのこした。

譲渡す

薩摩国地頭守護職の事

左衛門尉惟宗忠義

伊作庄・かわのへの郡・揖宿郡

この三ヶ所の外ハ沙汰致さるべき也

右、永代を限り、其の沙汰を致すべきの状、件の如し

嘉禄三年六月十八日

豊後守（島津忠久）（花押）

この譲状によって除かれた三か所（地頭職）の内、伊作荘は娘（常陸後家）に、揖宿郡は次子忠綱（忠景の父）に与えられたが、河辺郡は、忠久が三国守護地頭職を没収された時、北条氏が入手したまま返されることがなかったが、北条氏滅亡後、南北朝期に六代貞久が再取得した。

忠久は、同家文書建久八年（一一九七）作成の薩摩国図田帳（土地台帳）によると、当初薩摩国四〇一〇町七段の内、二五九一町六段を知行していたが、伊作荘二〇〇町・河辺郡二二〇町・揖宿郡四七町を除く所領を譲ったのである（ちなみに同帳によると知覧院四〇町・頴娃郡五七町であった）。

それはともかく、忠久が生涯をかけて朝廷・幕府に尽くした功績は、その余慶として子孫に五位と受領（国司）の家格を伝えたのである。

おわりに

さて、ここでまた『論文』に立ち返って、その「結論」中の結びに近い一節を引用してみる。

史学的約束の範囲内に姑く忠久の生ひ立ちを改造したらば、左のやうなものでなからうかと思ふ。――忠久は自他の称した通り惟宗氏であらう。其名に忠の字が在るのもそのためであらう。父母については徴すべき確証が無い。しかし其生れたのは一一六五年よりやや前であらう。多分もとは純粋の京紳で、若い時から藤原氏殊に近衛家の所従であつて、其恩顧によつて兵衛尉となり、検非違使となり、一時は賀茂祭主を勤め、（中略）又近衛を仰ぐことから島津庄に重要な庄職を宛行はれ、其他にも同家及び他の高家から他の庄職を得たらう。少くも一一八〇年まで又は更に数年後在京し、然る後或る年から或る有力の所縁によつて頼朝の御家人となつた。（中略）さて頼朝に帰して後に其重臣比企能員の女又は実妹と婚したかと察せられる。而して此等の縁由又は其他の理由あつて頼朝に異常に重く用ひられ、一一九七年以前に島津庄内最大の地頭とされ、一二〇三年以前に三国の守護とされた（此年以後の忠久の御家人としての履歴は今省く）。彼はかく鎌倉御家人となつても猶ほ京都との関係を保つたらしく、左衛門尉となつたのは一一九八年初のことで、頼朝の推挙と基通などの縁とによるものと推し得る。（一二五・一二六頁）

右によると、括弧して一二〇三年後のことは省くとされているが、晩年に近い検非違使のことにもふれられているので、没年までの事跡を簡単ながらも振り返ってみると、一二〇三年比企氏の乱によって全ての所職・所領を失ったが、十年後の一二一三年に鎌倉御家人として復帰し、薩摩国の守護地頭職を与えられ、一二二四年末に八十島祭に随兵として供奉し、翌年正月に使の宣旨を蒙って、賀茂祭に大夫判官として供奉し、翌年正月には検非違使を辞して、豊後守に任ぜられ、一二二七年に病没することとなる。

このような史実を踏まえて、博士の説かれる高等批判が展開されるべきであるが、それについては私の任に堪えないところなので、これで擱筆したいと思う。

注

（1）拙著『島津忠久とその周辺』（平成八年、高城書房）四七―五四頁。

（2）拙稿「島津忠久のこと　一忠久の父祖について」（『知覧文化』第二十九号、一九九二年、知覧町〈現南九州市〉立図書館）

付記

私は本文に、忠久が一二〇三年此企氏の乱後、一二一三年に実朝の学問所番に選ばれるまでの十年間は、資料がなく消息不明と記したが、以下あらためてこの一時没落の間の行状の一端について臆説を述べてみたいと思う。

結論を言えば、忠久は隠棲地として、京都市右京区の山間地に紅葉の名所として、また「鳥獣人物戯画」など多くの書画典籍を蔵することで知られる栂尾山高山寺《とがのおさんこうざんじ》に入山していたのではなかろうかと思われるのである。

というのは、尚古集成館蔵で鎌倉末期・南北朝期間の制作とされる「伝島津忠久画像」（県指定有形文化財）と称する武将像は、明治になって高山寺から譲られたものであるが、寺がこれを忠久の肖像画として伝えたのは、おそらく忠久の子孫がその祖を偲んで、高山寺を忠久ゆかりの寺として奉納したという寺伝があったからであり、そのゆかりこそ忠久の高山寺雌伏の日々をさしたものと思われるのである。
当時、寺は「上人樹上座禅図」（同寺蔵）で著名な高僧妙恵（一一七三―一二三二）が九世紀以来の古寺を一二〇六年に再興したものであり、忠久はその知遇を得て教えに接していたのではないかと想像もされるのである。
昨年秋、京都旅行でこの寺を訪ねた折の愚作一句、
高山寺紅葉に分け入る武者ありし
『南九州市薩南文化』第五号（平成二十五年（二〇一三）三月三十一日　南九州市立図書館発行）

付、島津忠久年譜（増補）

（1）島津忠久関係記事を古文書・古記録から集録したものである。
（2）忠久の名称は、とくに所見史料の記載どおりに引用した。その呼称自体が忠久の経歴を示しているからである。
（3）出典の「島」は『島津家文書之一』、「旧記」は『鹿児島県史料旧記雑録前編一』の略称である。『島津家文書之一』からの引用には文書番号を付した。編年史料集でないため検索の便をはかってのことである。

年次	西暦	月日	事蹟	出典
治承三	一一七九	二・八	「左兵衛尉忠久」春日祭使に供奉する。	山槐記
四	一一八〇	五・六	「左兵衛尉忠久」右近府真手結見物に赴く女院に供奉する。	玉葉
元暦二	一一八五	六・一五	「左兵衛尉惟宗忠久」伊勢国波出御厨・須可荘地頭職に補任される。	島一・二

二		八・一七	「左兵衛少尉惟宗忠久」源頼朝より島津荘下司職に補任される。	島三
文治一	一一八五	一一・一八	「左兵衛尉忠久」領家より島津荘下司職に補任される。	島二九八
二	一一八六	一・八	「左兵衛尉惟宗忠久」信濃国塩田荘地頭職に補任される。	島四
		四・三	「地頭惟宗忠久」島津荘民の安堵と年貢以下の沙汰を命ぜられる。	島五
三	一一八七	五・三	「島津庄惣地頭惟宗忠久左兵衛尉」大秦元光の薩摩国牛屎院の安堵を命ぜられる。	島七
		九・九	島津「庄目代忠久」押領使として荘務の沙汰を命ぜられる。	島八
五	一一八九	二・九	「島津庄地頭忠久」奥州征伐のため荘官の武勇の輩の参着を命ぜられる。	島九
		一〇・三	「宗兵衛尉」日置兼秀の北郷弁済使職の安堵を命ぜられる。	旧記

		一一・	「前左兵衛尉惟宗」島津荘政所に日置兼秀の北郷弁済使職の安堵を命ずる。	旧記
建久一	一一九〇	一一・七	「右衛門兵衛尉」（忠久）頼朝の入洛に供奉する。	吾妻鏡
二	一一九一	五・九	「宗兵衛尉」日向国救二院成直の同院地頭弁済使職の安堵を命ぜられる。	島二九八
		七・一〇	「宗兵衛尉」前右大将頼朝より下知に随わない島津荘官の注進を命ぜられる。	島一〇
		一二・一一	島津荘住人が「忠久」の下知に従うよう命ぜられる。	島二九八
三	一一九二	一〇・二二	「宗兵衛尉」阿多宣澄の旧領谷山郡・伊作郡・日置南北郷等の地頭職に補任される。	島二九八
八	一一九七	六・	「右衛門兵衛尉」薩摩国図田帳において地頭として二、五九一町六段を領する	島一六四
		一二・三	「左兵衛尉惟宗忠久」大隅・薩摩両国家人奉行人（守護）に補任される。	島一一

九	一一九八	一二・二四	「右衛門兵衛尉」薩摩国御家人の内裏大番役の催勤を命ぜられる。	旧記
		一・三〇	「左衛門尉惟宗忠久」（忠久左衛門尉に任ぜられる）。	明月記 三長記
		二・二二	「島津左衛門尉」島津荘内郡司弁済使等の名田の知行を許される。	島二九八
		九・	「島津左衛門尉」平忠重の知行地給与を告げられる。	旧記
正治二	一二〇〇	二・二六	「島津左衛門尉忠久」将軍頼家の鶴岡社参に供奉する。	吾妻鏡
建仁三	一二〇三	七・二七	「島津左衛門尉」北条時政より禰寝郡司の帰国を告げられる。	旧記
		九・四	「島津左衛門尉忠久」大隅・薩摩・日向国守護職を収公される。	吾妻鏡
		一〇・一九	「左衛門尉惟宗」（忠久）衆集院本堂の造立を発願し上洛の無事を祈る。	一六八

		一一・一〇	「前地頭忠久」押領の弁済使得分米を義広の沙汰として運上させられる。	旧記
建暦三	一二一三	二・二	「島津左衛門尉」将軍実朝の学問所番に挙げられる。	吾妻鏡
		五・七	「島津左衛門尉」和田合戦の賞として甲斐国波加利新荘を与えられる。	吾妻鏡
		七・一〇	「左衛門尉惟宗忠久」島津荘薩摩方地頭職を還補される。	島一二
		八・二六	「島津左衛門尉忠久」将軍実朝の大江広元邸入御に供奉する。	吾妻鏡
建保二	一二一四	七・二七	「島津左衛門尉忠久」実朝の大慈寺供養への出御に供奉する。	吾妻鏡
三	一二一五	一〇・四	「島津左衛門尉」薩摩国御家人の明年の内裏大番役催勤を命ぜられる。	旧記
四	一二一六	七・二九	「島津左衛門尉忠久」実朝の忠快法印六字河臨修法への出御に供奉する。	吾妻鏡

六	一二一八	五・九	「島津左衛門尉」北条義時より富山刑部丞子息の上洛を告げられる。	島一三
		六・二七	「島津左衛門尉忠久」実朝の大将任官拝賀の鶴岡社参に供奉する。	吾妻鏡
		一〇・二七	「島津左衛門尉」北条義時より右近将監友久の薩摩郡山田村での狼藉の尋問を命ぜられる。	島一四
		一一・二六	忠久大蔵氏女の薩摩郡山田村名頭職を安堵させる。	島一五
承久一	一二一九	七・一九	「島津左衛門尉」九条頼経の関東下向、北条義時邸入御に供奉する。	吾妻鏡
三	一二二一	五・八	「左衛門尉惟宗忠久」信濃国太田荘地頭職を与えられる。	島一六
		五・一三	「左衛門尉惟宗忠久」越前国東郷荘地頭職を勲功賞として与えられる。	島一六
		七・一二	「左衛門尉藤原忠久」越前国守護に補せられる。	島一七

		七・一二	「島津左衛門尉」北条泰時より子息忠時の忠節を証される。	島一八
		七・一五	「島津左衛門尉」泰時より忠時の忠節を幕府に注進したことを告げられる。	島三〇一
		七・一八	「左衛門尉藤原忠久」信濃国太田荘地頭職を安堵される。	島三〇一
四	一二二二	三・八	「島津左衛門尉忠久」九条頼経の病気平癒祈願月曜祭を沙汰する。	吾妻鏡
貞応一	一二二二	一〇・一二	「左衛門尉惟宗忠久」越前国守護職を安堵される。	島一九
三	一二二四	一〇・一六	「島津左衛門尉忠久」天変御祈を奉行する。	吾妻鏡
元仁	一二二四	一二・一二	忠久、八十島祭に胡籙負として供奉する。	明月記
嘉禄一	一二二五	一・二四	「使宣旨左衛門藤忠尚」（左衛門尉藤原忠久検非違使に任ぜられる）。	明月記

		四・一九	忠久、賀茂祭に五位尉（大夫判官）に叙留されて供奉する。	明月記
		一二・二〇	「島津大夫判官」九条頼経の移徙に供奉する。	吾妻鏡
二	一二二六	一・二四	「豊後藤忠久」（忠久豊後守に任ぜられる）。	明月記
三	一二二七	四・一六	「島津豊後守」将軍頼経の御不例により鬼気祭を沙汰する。	吾妻鏡
		六・一八	「豊後守」薩摩国地頭守護職を忠義（忠時）に譲渡する。	島二六
		六・一八	「島津豊後守従五位下惟宗朝臣忠久」卒す。	吾妻鏡

鎌倉・南北朝時代の河辺郡・知覧院・頴娃郡

一 鎌倉時代の三郡院

1 建久図田帳に見える三郡院

鎌倉時代初期建久八年（一一九七）に幕府が九州諸国に命じて作成注進させた図田帳（土地台帳）のうち全文島津家文書および一部肝付家文書によって伝えられた薩摩国図田帳によると、南九州市域に当たる中世河辺郡・知覧院・頴娃郡の記載はつぎのとおりである。

河辺郡二百二十町内同（島津）御庄寄郡地頭右衛門兵衛尉

　府領社十町　　　下司平太道綱

　公領二百十町　　郡司道綱

（中略）

知覧院四十町内島津御庄寄郡

府領社九町七段　正八幡宮論　下司忠答(益)　郡司忠答　地頭右衛門兵衛尉
公領三十町三段
頴娃郡五十七町内　島津御庄寄郡
府領社二十三町　正八幡宮論　下司頴娃次郎忠康　本郡司在庁種明　地頭右衛門兵衛尉
公領三十四町

これら三郡院の面積は、貢租賦課の基準となる水田面積を示したものであり、これらの領域を現在の地域に当てはめてみると、河辺郡は旧川辺町・枕崎市および旧坊津町のうち坊・泊地区に、知覧院は旧知覧町に、頴娃郡は旧頴娃町・旧開聞町に相当する。

河辺郡・頴娃郡は律令制発足による薩摩国十三郡のうちであるが、知覧院はその後河辺郡から分離創設された行政区域である。元来院とは倉院のことであり、はじめ郡ごとに郡司所在地に設けられていたが遠隔地の納入の便をはかって郡内の適当な地（郷）を選んで増設されたことにより、そこに納入する区域が郡と対等の行政区画に転化したものである。したがって知覧院司とあるべき呼称も知覧院郡司と呼称されるにいたった。

さて、右の三郡院の記載を見ると、その田数は府領社と公領から成っている。

そこであらためて図田帳によって薩摩国の総田数と内訳を見ると、つぎのようなことが知られる。

薩摩国総田数	四、〇一〇町七段
島津荘（一円荘）	六三五町
同　寄郡	二、二九九町三段
府領（阿多宣澄没官領）	二一〇町四段
国領	二一一町
寺社領	六五五町

これによると前記公領とあるのは寄郡に属する。

寄郡とは、半不輸領すなわち「租を半ば輸する土地で庄園と国衙に両属であった」（『鹿児島県史』昭和十五年）といわれており、公領が島津荘に数えられているわけである。

一般的に半不輸領とは、所当（正税官物）を国司に納め、夫役を主とする公事（雑役）は荘園領主（その地の管理に従う領家）に弁済する、いわゆる雑役免地であるとされる。ところが、島津荘の寄郡はさらに所当を二分して国司と領家の両方に納入する特殊な雑役免である。これは、雑役免化して国司の干渉を排除した郡司方が領地の遠隔性を口実にして負担の軽減、あるいは私的集積をはかったものとみられ、その際、所当の二分の一を領家分としたのも、その代償であったのであり、それが可能であったのは、島津荘が国司の任免を左右できる摂関家の荘園であったことによるものといわれる。

つぎに府領社について見てみる。府領社とは、大宰府直轄領の神社であり、河辺郡のそれは現在の飯倉神社、知覧院は豊玉姫神社、頴娃郡は現在指宿市開聞町の枚聞神社の前身である。

図田帳冒頭部の総括的記載によると、薩摩国内に府領社は五箇所あり、河辺郡のそれは「新田宮領」とあるが、これは、川内の同名社とは別の神社であるが、詳細は不明である。知覧・頴娃は揖宿郡のそれを合わせて、「開聞宮領」四十二町として一社の扱いがなされている。頴娃郡の枚聞（開聞）神社を本宮として他の二郡院はその末社であったわけである。確かに後述する知覧関係史料中の元亨四年（一三二四）平忠世和与状によると、「開聞中宮大明神」の名称で記されている。

これらが「正八幡宮論」と注記されているのは、当時「大隅正八幡宮」（鹿児島神宮）が薩摩・大隅・日向三国の負担で造営中であり、おそらく大宰府がその経費として、開聞宮領四十二町分をその用途に寄進し、八幡宮がそれを徴収しようとしたので、開聞宮側三社はこれに抗議して訴訟中であったものとみられる。

河辺郡については、当時市来郡・満家院（旧郡山町域）・阿多郡とともに図田帳に、「已上四ヶ郡、府領トセラルルニツイテハ国司ノ訴訟アリ」（原漢文）という注記があって、これらも正八幡宮造営に関して、当郡は府領であると称してその負担を拒否したことから国司がこれを訴えていたことが考えられる。

つぎにこれら三郡院を名字とする郡司についてみると、河辺郡・知覧院は問題ないとして、頴娃郡の「本郡司在庁種明」については説明が必要であろう。

平氏政権時代、薩摩国は同国司平忠度（清盛弟）の目代（代理）として府領阿多郡を本領とする阿多宣澄（忠景の婿）が支配していたが、源頼朝による平家討伐戦に際して謀反人として没落し、阿多郡の大部分は没官領とされ種明に与えられた（後に鮫島宗家が取得した）。おそらく頴娃氏も宣澄とかかわりがあって、同じころ郡司職は種明に与えられたのであろう。種明は、大宰府官として有力者であった大蔵氏と同族であり、図田帳注進に当たっては、その責任者である、国府勤めの在庁官人の一人であったので、その職務を利用して「本（旧）郡司」を書き入れたものとみられるが、実質的には府領社下司として名を記された忠康が郡司として支配していたものとみられる。

最後にこれら三郡院の「地頭右衛門兵衛尉」とは、当時惟宗左兵衛尉と称していた島津氏初代忠久である。よく知られているように頼朝は平氏を亡ぼすと、同氏に奪われていた島津荘の下司として領家にはかつて忠久を任じた。同荘は南九州に広がる摂関家領の荘園であり、忠久は同家にゆかりがあって起用され、その治安維持をはかったものだった。そしてさらに忠久は、その支配力強化のために軍事警察権と一定の収益とが認められた地頭に任命された。

薩摩国図田帳によると、忠久とともに地頭に任ぜられた者はつぎのとおりである（北薩五郡院の地頭千葉氏の後には渋谷氏が、鮫島氏の地頭領阿多院は後に二分されて、北方の地頭には二階堂氏が入部した）。

島津忠久		二、五九一町六段
	島津一円荘	六三五町
	同　寄郡	一、九二一町一段
	寺社領	三五町五段
千葉常胤		四一一町二段
	寄郡	三七八町二段
	寺社領	三三町

鮫島宗家　二一〇町四段
中原親能　八〇町

忠久は図田帳が提出された年末には、薩摩・大隅の御家人を統率する守護に任ぜられ、早速翌九年の内裏大番役勤仕を薩摩国御家人に命じられた。なお、この年の正月の除目には左兵衛尉から左衛門尉に昇任され、これ以降、地頭領島津荘の地名をとって名字とし、島津左衛門尉惟宗忠久と名乗るようになった（惟宗は姓であり、後に藤原姓、江戸時代には源姓を称した）。

この時内裏大番役勤任を命ぜられた薩摩国御家人はつぎのとおりである。

鹿児島郡司	河辺平次郡	別府五郎
頴娃平太	伊作平四郎	薩摩太郎
知覧郡司	益山太郎	高城郡司
在国司	牟木太郎	莫祢郡司
山門郡司	給黎郡司	指宿五郎
市来郡司	満家郡司	小野太郎

宮里八郎　　　萩崎三郎　　　伊集院郡司
和泉小大夫

なお、この時島津氏に与えられた地頭職は、忠久以後その一族に、一郡または数郡ごとに譲与伝領されるようになり、それぞれ地頭または地頭代が入部してきたので、各郡院では地頭・郡司の二元支配下におかれ、それらの勢力には消長が見られた。以下、項を改めて見てみよう。

2　三郡院の郡司と地頭

（1）河辺郡の郡司と地頭

まず河辺郡について郡司道綱は、鎌倉幕府の史書である『吾妻鏡』に、その名が記載されている唯一の薩摩国御家人であり、同書文治三年（一一八七）九月二十二日条によると、頼朝が鎮西奉行天野遠景に命じて、謀反人義経に同意する輩が潜伏しているかの疑いのある貴海島（鬼界島）の討伐を行ったとき、このことを企てたゆえんは、「去年河辺平太道綱が同島に渡った由を聞こし召された」からであったという。道綱が文治二年に同島に渡海したのは、おそらく義経の与党の一人と目された豊後冠者義実（源為朝の子）の追討のためであったろうとみられるが、このように道綱はその名が頼朝の耳に達していた御家人であったが、系図によると道綱の子久道の代に「承久兵乱の時（一二二一）、京方に合わするにより、（幕府の）御勘当を蒙り河辺没収」とあることは知られていたが、具体的な動静については何も伝えられていなかった。ところが、新しく見出された島津家文書中の「他家文書四十四通」（『鹿児島県史料　旧記雑録拾遺家わけ二』）の第四号文書である元仁二年（一二二五）三月日付弥勒寺寺家公文所下文を見ると、道綱の名が記されている。左記のとおりである（以下、史料は読み下し文にする）。

（壇棟清）
（花押）

寺家公文書下す　　益山庄

早く関東御成敗の旨を守り、且つは先例に任せ、沙汰を致すべき神領上野畠の事

右、件の上野畠は往古神領たるのところ、河辺平太道綱威勢を施し、別府領に打入り濫妨を企つるの日、(a)兼澄証文を捧げ関東に訴え申すの間、(b)庄官・神官その境に莅《のぞ》み実検せしむべきの申、仰せ下さるるのところ、(c)島津庄官神領たるの旨、勘状

事切る。これに就いて又関(d)東御成敗畢《おわ》んぬと云々。御沙汰の次第厳重なり。早くこの旨を守り上野畠の濫妨を止め、旧に任せ神領たるべきの状、長吏の仰せにより下知すること件の如し。

元仁二年三月　日　　公文平（花押）

（以下三名略）

益山荘は図田帳によると「益山庄二十五町　加世田別府内　下司塩田太郎光澄」とあり、五大院九一町、八幡新田宮三五町、市比野一五町、日置荘三〇町を合わせて弥勒寺（宇佐八幡宮別当寺）領一九六町に属し、弥勒寺の本家は石清水八幡宮寺であったので、益山荘の所領・人事については、石清水八幡宮寺に設けられた寺家公文所の最高支配者である長吏（石清水八幡宮寺の役僧の兼任）の指揮命令下にあった。

右の文書によると、河辺道綱が威勢を張って島津荘寄郡である隣接の加世田別府に侵入し、さらに益山荘内上野畠をも濫妨（押領）したので、益山太郎兼澄（光澄の子）はこれを幕府に訴えたところ、益山荘神官、島津荘官両者立合い実地踏査を命ぜられ、その結果勝訴したので、その判決をもって寺家公文所に届け、長吏の承認の花押（袖判）下文を得たのである。

ところで益山荘関係文書としては、これまで『島津家文書之三』所載の「他家文書二十七通巻一」中の天福二年五月二十七日付「薩摩益山庄内上野原文書」が知られており、これを見ると、同荘の相論関係文書として十二通の目録が記されており、第一通から第七通までが益山荘と河辺氏との相論である。そこで前掲の寺家公文所下文の文言の（a）から（d）までと益山荘内上野原文書目録中の文書題の①から⑦通までとを対比してみると、つぎのように整理される（〈 〉内は原文割注）。

（a）兼澄証文を捧げ関東に訴え申す
①建保二年正月二十一日故大夫殿よりの益山太郎召符案
（b）庄官・神官その境に莅み実検せしむべきの由、仰せ下さる。
②同三年八月十七日同御教書案〈堺を踏み定むべき由の事〉
③同年同月十八日守護所副文〈同じく堺の事〉
（c）島津庄官神領たるの旨、勘状事切る。
④承久三年九月十三日益山太郎解状〈裏に領家下知並びに庄官加署在り〉
⑤同年同月十五日同庄官勘状案
（d）関東御成敗畢んぬ

⑥元仁元年九月二十二日守護代書状案
⑦同二年三月二十七日守護代下知案

右について若干の解釈を加えてみる。
（a）①は益山太郎兼澄の「証文」（訴状）を受けた幕府が執権北条義時の名で兼澄に出頭を命じた「召符」（召文）である。これによって道綱の押領はその月日からみて建保元年（一二一三）以前のことであったことが知られる。
（b）②は事情を聴取した幕府が荘官（加世田別府方）と神官（益山荘方）そろって境界に臨み、実地踏査を行って決めるように命じた「御教書」（命令書）である。③の「守護所副文」とは、右の御教書が守護所を経て下されたので、その「副文」（添文）が付けられたのであり、その日付からみて、「守護所」とは鎌倉に屋敷を構えていた島津忠久をさしたものであることが知られる。
（c）④は踏査の結果、加世田別府方も係争地が益山荘内であると判断した（勘状）ので、一件落着（「事切る」）した旨、幕府に上申した（「解状」）のである。その際、領家（弥勒寺）の指示、および島津荘官に裏書してもらい、その証拠としたのであろう。⑤はあらためて正式に勘状を作成してもらって届けたのであろう。なお④の文書だけ「案」がなくて正文とみられるが、あるいは領家の裏書があることにより返却されたものだろうか。

（d）以上のような次第で関東御成敗、すなわち幕府の判決が下ったので（⑥はその連絡があったのであろう）、兼澄は鎌倉に赴き、帰途判決書を携えて京都で前掲寺家公文所下文を得て、河辺氏との相論は最終的に結着したのである。⑦はおそらく道綱に対する処分の通知だったのではなかろうか。

あらためてこの訴訟を振り返ってみると、建保二年から承久の乱をはさんで元仁二年まで十三年に及んでいる。河辺没収とはこの事件をとがめられてのことだったのではなかろうか。道綱はこの間に没して久道の代に郡司職没収となったものと思われる。

なお、島津氏の河辺郡地頭職については、忠久が嘉禄三年（一二二七）六月十八日その嫡子忠義（後に忠時）に与えた譲状によると、「薩摩国地頭守護職」について「伊作庄・かわのへの郡・指宿郡」は除く旨のただし書きがなされている。伊作荘は娘常陸後家に、指宿郡は次子忠綱に与えられたことが知られるが、河辺郡が除かれた理由は不明である。やはりこの河辺氏の事件について一半の責任をとらされたのではなかろうかと思われる。

こうして河辺郡は地頭職・郡司職ともに北条氏得宗（嫡流・家督）の所領となり、その被官（家臣）の尾張国千竃氏が河辺郡地頭代官職同郡司職をもって入部してきたのである。その最も古い文書は嘉元四年（一三〇六）四月十四日千竃時家譲状である。（鹿児島大学名誉教授五味克夫氏によって『川辺町郷土史』に記載されている。）

（2）知覧院の郡司と地頭

知覧院郡司職は忠益の子孫に継承され、鎌倉末期には忠世の名が知られ、同地頭職は島津忠久の二男忠綱の子孫に伝領され、同じく末期には忠直の名が見えている。

両者は元亨四年（一三二四）三月日付「平忠世和与状」によって知られるように、同院地頭・郡司間で多年相論していた「開聞中宮大明神御神領並びに公領内の所々の別府および惣院内の狩・牧馬」の支配について和解に達した。

つぎにその項目と結果だけを示す。

一　取違・宗馬・西谷・中原・山頭別府の事（郡司一円知行すべし）
一　当宮御神領検断の事（社司一円沙汰致すべし）
一　当院内公田加徴米の事（当郡司忠世知行分加徴米に至りては、得田段別八升地頭収納せらるべし）

一　木佐木屋敷四箇所の事（惣地頭屋敷として避り渡す）
一　惣院内所々狩並びに牧馬事（惣地頭の綺《いろい》を停止せしむべし）
一　永山・河床別府の事（惣地頭一円知行、相違あるべからず）
一　白石狩倉の事（惣地頭一円知行相違あるべからず）

右の箇条ごとの具体的内容については『知覧町郷土誌』を参照していただくことにして、以下のような蛇足を加えてみたい。

元来知覧町の領域は、中部から南部海岸線にかけては、南北に長く東西に狭い短冊状をなしているが、その中部・南部の大字（旧村）の境界を見ると、これも縦長に、すなわち東西に二分して（地形上からみても区分すべき山・川など存在しないにもかかわらず、まさに人為的に分割して）東別府村・西別府村が海岸線まで及んでいた。（現在両大字はいずれも南北に二分されて東海岸部は大字南別府、西海岸部は同塩屋となり、その際西別府は西元と改称されているが、これらはいずれも明治以後の改定である。）おそらくこの不自然な区画は、地頭・郡司間の境界争いの結果、知行地を二分して（これを下地中分といった）、その際両勢力ともに公平に海岸線を領有しようとしたことに由来するのではないかと思われるのである。

（3）頴娃郡の郡司と地頭

頴娃郡については、郡司職は忠康（系図では忠保）、忠継（同忠次）以後、系図によると前述益山氏から忠澄が養子に入り、以後鎌倉末期には憲澄・久澄・貞澄が知られている。

地頭職については、島津忠久・二代忠時。その二男長久に譲られ、本宗家四代忠宗、そしてその二男実忠（和泉氏）に譲られた。

山田文書によると、同郡地頭の所務（所領の管理・得分）は、地頭長久のとき、その代官と郡司との間で相論が生じたが、当郡では代官の入部を止めて、所務は郡司方が請け負うことで結着した。

二　南北朝時代の三郡院

1　征西将軍宮を迎えるまで

将軍と御家人との主従関係で構築された鎌倉政権は、後期になると、執権北条氏による得宗専制政治、すなわち執権職を離れた家督（得宗）個人が権力を掌握し、その統制下に北条氏一門や被官が要職を独占し、得宗家私邸で秘密会議を開いて重要事項を決定するようになり、御家人間に不満がつのり、抗争が生じるに至った。

この情勢を見て幕府を打倒し公家政権の回復をはかったのが後醍醐天皇であった。はじめ、企てが発覚して幕府にとらわれ隠岐に流されていた天皇が、元弘三年（一三三三）名和長年に助けられ脱出すると、勅命を受けた足利尊氏は五月七日幕府の京都出先機関である六波羅探題を、同月二十二日には新田義貞が鎌倉を、そして尊氏の密使を受けた島津氏は、同月二十六日に小弐、大友氏らとともに博多の鎮西探題を攻撃し、ついに北条氏を滅亡させた。

この時、南九州の地頭郡司御家人たちはどのように対応したのだろうか。

守護島津氏五代貞久に率いられて博多攻撃に参加したことが確かな薩摩国御家人には、指宿郡司・山田（島津）氏がおり、ついで建武二年（一三三五）新政府が成って、内裏大番役を命じられた者が、知覧郡司・山田氏・矢上氏（鹿児島郡司）・指宿郡司など十八名であった。

知覧氏が博多合戦に参加したかは明らかでないが、河辺郡を領していた千竈氏は北条氏滅亡と同時に所職を失い、郡内の一名主として、後に河辺郡を支配した伊集院氏の配下に入り、郡司職は知覧氏が手中にした。なお、島津貞久も建武三年（延元元年）三月に、かつて忠久の時、比企氏の乱に連坐して失っていた大隅守護職と、合わせて前述した河辺郡地頭職の領知を認められており、知覧氏が島津氏と対抗した理由の一つはここにあったと思われる。

ところで、この前年（建武二年）征東将軍に任ぜられ、鎌倉に北条氏余党を討った尊氏は義貞と戦い、破れて九州に下り、多々良浜で菊池氏を破って勢力を盛り返し、湊川に楠木正成を討って入京し、室町に幕府を開くと、後醍醐天皇は吉野に逃れて、世は南北朝の時代に入った。

同四年に尊氏は義貞の拠る越前金崎城を落させたが、この時攻撃軍の島津勢の一人に知覧式部三郎久直がいた。地頭系島津氏である。

薩摩では、後に征西将軍宮として下向する懐良親王の前駆として三条泰李が建武四年三月指宿に上陸した。泰李を迎えた指宿氏は郡内で地頭島津氏一族と戦った。この時、頴娃三郎貞澄は島津方にあって指宿氏と交戦した。

同七日には戦いの場は阿多郡高橋松原に移り、南薩の郡司クラスの将士としては、鮫島氏・伊集院氏・谷山氏・市来氏・矢上氏・知覧氏が島津方と戦った。この戦いは市来院に及び、同城を攻めた島津方の一人に知覧久直がいた。

興国三年（一三四二）五月懐良親王は、薩摩津（指宿市宮ヶ浜か）に着岸すると、谷山御所ヶ原に入城し、ここを拠城として島津氏と戦い、正平二年（一三四七）十二月に至って当地を去り肥後に赴いた。御所ヶ原に参集した軍勢は、「林鐘（六月）吉日」付の「御感綸旨所望輩」と題する二百名近くの氏名を連ねた名簿を奉呈して恩賞を願った。その中に「一城を持つ輩並びに親類手物（者）注文（一覧表）」として、つぎの連名がある。

一持一城輩并手物注文
鮫島彦次郎入道蓮道（家藤）
谷山五郎左衛門入道隆信（忠隆）
島津長門入道道忍（伊集院忠国）
矢上参河権守高純
指宿彦次郎入道成栄 子息討死
頴娃左近大夫入道通願去る 三月味方に参る
知覧讃岐介忠元
別府右馬権助忠香

これらを見ると南薩の郡司クラスが網羅されていることが知られる。鮫島氏は元来地頭として入部したのであるが、土着が早く一郡の領主として、また伊集院氏は島津氏の支流として本家に対して反抗したものといわれる。

右の文書には、以下にこれらの率いた部下が頴娃氏を除いて書き上げられており、鮫島氏の配下に河辺氏一名、伊集院氏の配下に千竃氏一名が載せられているのに気づく。なお、知覧氏についてはつぎの一項が記載されている。

一智覧出羽入道覚善、去年夏比（頃）死去し畢んぬ。然れば覚善の跡河辺郡三分の二并びに本領智覧院半分に於ては、嫡子讃岐忠元に譲与し畢んぬ。相残る分、河辺三分の一、智覧半分は女子平氏字御々に譲与し畢んぬ。随って一族以下を扶持せしめ忠節を致し候。仍って御感の綸旨所望仕り候。かの女子充に相違なき様御沙汰申しあるべく候。

先述した北条氏滅亡後知覧氏が河辺郡（郡司職）を取得したことが知られるのはこの文言によるものである。（なおこれを傍証する史料については後述する）。

2　足利直冬の下向

ところで、室町幕府ははじめ尊氏が恩賞等の主従制に基づく支配、弟直義が訴訟等の政務的支配を担当し、いわゆる二頭政治で運営されていたが、尊氏の執事高師直と直義との対立から、ついに尊氏・直義間の争いが生じて、両者互いに南朝に帰順したりして和戦を繰り返し、幕政は破綻していった。九州でも、尊氏の長子と生まれながら、うとまれて直義の養子となった直冬が、尊氏に追われて当地で自立し、宮方（懐良親王方）と和戦を続け、複雑な様相を呈してきた（当時の年号をとって観応の擾乱という。南朝年号正平五〜七年、一三五〇〜一三五二年）。

直冬は九州の将士に多くの軍勢催促状や恩賞の宛行状を発給して味方に招いたが、つぎの阿多郡北方地頭二階堂氏に与えた文書もその一つである。

下す　二階堂隠岐三郎左衛門尉　法師法名行存

早く領知せしむべき薩摩国河辺郡地頭郡司職得宗跡同国頴娃郡々司職頴娃三郎跡　同国知覧地頭郡司職島津式部三郎并郡司四郎入道跡　事

右の人勲功賞として充て行う所也、早く先例を守り、沙汰を致すべきの状件の如し。

観応三年正月二十一日

源朝臣（足利直冬）（花押）

右を見ると興味深いのは、現在南九州市域となっている川辺・知覧・頴娃がまとまって二階堂氏への勲功賞の対象地となっていることである。ただしこれは確定した恩賞地ではなくて、いわば予約であり、あくまでも勝利したらということで、その取得は実力に任せられていたのである。

そしてまたつぎにおもしろいのは、これら三郡院の知行内容が、前述したように河辺郡は得宗領、頴娃は郡司頴娃氏による支配、知覧は地頭・郡司の二元支配であった鎌倉末期の状況を確かに反映していることである。当然のことながらこれは本文書の信憑性を裏付けるものである。

直冬は翌年（文和二年）には上洛しようとする勢いを示したので、尊氏はこれを抑えるべく島津氏その一族を励ました。つぎの文書もそのはたらきかけの一つである。

御判（尊氏）

下す　島津三郎左衛門尉　法師（法名道珍）

早く領知せしむべき薩摩国島津庄内智覧院郡司四郎忠世跡事
右、勲功賞として宛て行う所なりてえれば、沙汰を致すべきの状件の如し
文和二年五月十一日

道珍とは佐多氏初代忠光である。それまで大隅佐多を領していた忠光が、知覧と縁が生じたのはこの文書によるものであるが、このとき知覧はまだ知覧氏が所持していたことは、つぎの文書からも知られる。

一御教書を召し成さるる凶徒等注文
薩摩国分
谷山五郎・同新左衛門尉・鮫島彦次郎入道・知覧郡司四郎・頴娃三郎・伊集院八郎三郎入道・伊集院助三郎入道・
市来新左衛門尉・牛屎左近将監・泉太郎兵衛尉
彼等三人は観応三年より佐殿御方として畠山匠作同心の凶徒。
大隅国分（八名略）
文和三年八月一日

御教書とは尊氏の命令書であり、その敵（凶徒）となっている薩摩・大隅国勢を島津氏が報告したものである。「佐殿」とは直冬で、このときは中国にあって、畠山氏は日向国で直冬方として戦っていた。

なお、このころ知覧氏が活躍していたことは、つぎに記す島津師久（貞久の子）軍忠状によっても知られる。

老父道鑑（貞久）所領薩摩国櫛（串）木野城郭、宮方大将三条待従並びに市来太郎左衛門尉・鮫島彦次郎入道・知覧四郎・左当（石堂）彦次郎入道以下賊徒等、去る九月二日当城に寄せ来るの間、師久馳せ向い、五ヶ日合戦を致し、御敵等数輩これを討ち捕え追い落し訖んぬ。

（中略）

文和四年十一月五日　　左衛門少尉師久

謹上御奉行所

こうして南北朝時代を終始南朝宮方として戦った郡司知覧氏の最終の所見史料はつぎ

の文書である。

知覧美濃権守忠泰申す、薩摩国智覧院并びに河辺郡の事、亡父忠元の譲状の旨に任せ、沙汰を致すべきの由、令旨かくの如し、早く鮫島下野守相共にかの所に臨み、下地を忠泰に沙汰付けせらるべし、子細あらば起請の詞を載せ注進せらるべきの状件の如し。

建徳元年十一月二十一日　　前中納言（花押）

指宿能登守殿

知覧院・河辺郡については、忠泰の申請どおり、亡父忠元の譲状によって領知すべきであるとの令旨（懐良親王の命令）が下ったので、これを側近の前中納言が指宿氏に伝え、鮫島氏とともに現地に赴き、その実現を取り計らうようにと下達したのである。建徳元年（一三七〇）というと、南北両朝合一（一三九二）まであと二十数年を残しているが、これ以後郡司知覧氏に関する史料は伝来せず、その活動は知ることはできない。

なお、島津氏一族である地頭知覧氏については、その後も消息が見られ、現在県内に見られる知覧苗字の方々はほとんど、この家系であることが知られている。

頴娃氏については、『頴娃・揖宿郡地誌備考』につぎの文書が収録されている。

薩摩国指宿郡（中略）事、料所として相計る所なり、先例に任せ領掌せらるべし、依って件の如し。

永徳元年十月二十三日　　玄久御判

頴娃幡《播磨》摩守殿

「玄久」とは島津氏久（師久の子）であり、永徳元年（一三八一）は北朝年号である。この時すでに頴娃氏は北朝方に同心していたことが知られる。『麑藩名勝考』によると、頴娃氏について「明徳（北朝年号、一三九〇―九四）中、頴娃政純に至り没落せり」とある。頴娃播磨守とはこの政純のことであろう。

『三国名勝図会』によると、頴娃城の項に、つぎのとおりある。

恕翁公（島津氏七代元久）の御時、太郎憲純叛す、公是を征して、義天公（同八代久豊）を封ぜらる。義天公是に移り給ふ、南殿と称す。

文中の憲純とは、前記（図会）につぎのとおりある。

奉施入、当国一宮開聞社鎚鐘一口　鋳用途壱百貫文

永仁五年三月八日　　当郡領主左衛門尉憲純

開聞社に寄進されていた鐘銘（現在はない）であるが、永仁五年（一二九五）とは鎌倉後期の年代であり、島津氏七代元久が憲純を討つとは年代差がある。元久が討った憲純は政純とすべきであろう。

平姓頴娃氏もまた明確ではないが、南北朝末期には没落していたと思われるのである。

むすびにかえて

以上で愚稿を脱するに当たって、あらためて考えさせられたのは、既述した足利直冬下文が如実に示したように河辺郡・知覧院・頴娃郡が一括された、その共通性は何であ

ったのだろうかということである。ただ単にこれら三郡院が地を接していたからというだけではない、何か共通する特性があるのではなかろうか。

そこで共通項らしきものを探してみると、つぎのようなことが思い当たる。

まず、河辺郡には、古くから日本三津の一つといわれた天然の良港坊の津があり、軍事上・交通上の要衝をおさえ、商業・貿易を重視した北条氏得宗がその所領とするのに、まさに見逃せない土地であった。

つぎに頴娃郡については、奈良時代天平勝宝六年（七五四）に来朝した唐僧鑑真大和上を乗船させた遣唐使船のうち第四船が来泊した石籬《いしがき》浦が知られている。

なお同地で注目されるのは、大字郡の中に「丹花」という小字地があることである。これはあるいは本来「旦過」なのではないかと思われるのである。旦過とは、禅宗寺院で旅の修行者を泊める施設をいい、文献で知られる薩摩の旦過は、応永十一年（一四〇四）正月十一日は島津氏七代元久がその菩提寺福昌寺に寄進した「旦過同集庵」がある。

頴娃の丹花が旦過とすると、これは前出南殿といわれた元久の弟八代久豊が開基した証恩寺（小字名となっている）と関連するのではなかろうか。指宿市十町にも、元久が建立した光明寺があり、これと関連するとみられる旦過はタンバと呼ばれ、現在丹波小学校がその跡地である。これらの旦過・タンバは、寺院の僧侶が海外貿易のさい通訳をつとめたといわれ、そのさいの優秀な人材を集める施設であったとみられる。

なお、この旦過・タンバは寺院を離れて、港・渡し場など交通の要衝、または市場・湯治場などにも建てられていた。たしかに丹波小学校は指宿市湯の浜の海岸近くにある。頴娃の「丹花」はどちらの旦過だろうか。いずれにしても海外交易との関連の考えられる地名であろう。

さて、知覧では平安時代末期治承元年（一一七七）鹿ヶ谷の平氏打倒の陰謀が露見して硫黄島に流された藤原成経・平康頼が、翌年俊寛をのこして赦免になり、帰途についた船は、「房（坊）の泊」から「鹿児島・逢の湊・木入津・向島」を経て、鹿児島湾奥の大隅国府近くに着岸したという（『平家物語』長門本）。

この「鹿児島」とは、枕崎市の旧来の地名「鹿籠」（古くは「嘉古」とも書いた）の誤伝であろうが、つぎの「逢の湊」こそ知覧の東塩屋浦の「藍の浦」である（故小川亥三郎氏）。これは全国に分布する「相の浦」であり、「あい」とは「饗（あえ）」の意で、「飲食のもてなし、神社の供物」を意味する。文字どおり賑わった浦浜であったろうと思われる。

また時代は下って豊臣政権下天正十七・八年（一五八九・九〇）頃、知覧領主佐多氏は、その一族の家来が四浦浜の一つ門の浦に居住していて、秀吉の下した海賊禁止令にふれて、一時河辺宮村に移封させられたことがあった。海賊はともかくとして外海に出航する港であったことが知られる。藍の浦はまた江戸時代半ば頃から明治中頃までは、北海道から沖縄にかけて航海する「いさば船」(『広辞苑』参照)の根拠地であった。前述した知覧の南部四キロに過ぎない海岸線を二村で分割したのもこのような地の利・海の幸を得るためであったと思われるのである。

このように三郡院は海外交通・貿易の一根拠地であったのである。

〔追記〕

南北朝時代における頴娃氏の活動を伝える史料を二点だけ追加したい。つぎに掲げる(一)は懐良親王が谷山御所に入城した興国三年と推定される七月二十二日付阿蘇大宮司宛の書状であり、(二)は足利直冬が九州を去り京都に入った文和四年の六月一日付島津師久の注進状で、いずれもその一部である。

(一)(前略)今月十四日頴娃左近大夫定澄一族以下百余騎参らしめ候、則ち谷山御所に祗候候、(後略)

(二)(前略)在国司次郎道久は佐殿御手に属し、祖父道超は宮方として頴娃三郎入

道城に楯籠り候、（後略）

（一）定澄は貞澄ともあり、本文掲載の通願と同一人である。その「一族以下百余騎」とはかなりの軍勢である。（二）在国司氏とは大前氏で、代々薩摩国府の在庁官人の筆頭をつとめた豪族であり、その道超が頴娃城に入ったとは、頴娃氏がその城とともに有勢な武将であったことが推測される。

〔付記〕

本稿の記述について、島津荘寄郡の理解は工藤敬一氏『九州庄園の研究』（昭和四十四年塙書房）を、河辺氏に関する益山荘関係史料は、五味克夫氏「大隅国正八幡宮関係文書拾遺」（『鹿児島中世史研究会報』43、昭和六十一年）を、また頴娃の小字地の一つ「旦過」（丹花）については、服部英雄氏『地名の歴史学』（平成十二年中央公論新社）および故石井進氏『中世のかたち』（日本の中世1、二〇〇二年中央公論新社）を参考にさせて頂いた。ここに特記して御礼申し上げます。

また本稿に関連する拙稿としては、「得宗領河辺郡について」「中世頴娃郡史」（『知覧文化』14、昭和五十二年知覧町立図書館）、「中世の知覧と川辺」（同19、

昭和五十七年、同図書館）、「中世の知覧と頴娃」（同24、昭和六十二年同）がある
ことを指摘して、ご参照をお願いできたら幸いである。（二〇〇八・一二・二）

『南九州市薩南文化』創刊号（平成二十一年（二〇〇九）三月三十一日　南九州市立図書館発行）

島津佐多氏の由来について

はじめに

島津佐多氏とは、言うまでもなく近世の知覧島津家のことであるが、これを島津佐多氏と称するのは、これと別系統の佐多氏がいたことを前提としているわけであり、島津佐多氏の初代は、周知のように島津氏四代忠宗の三男忠光である。ただし忠光とは系譜上だけに見られる名で、同時代の史料では師忠とある。

忠光の生年は不詳であるが、その没年は貞治二年（一三六三）と伝えられている。忠光の長兄に当たる島津氏五代貞久も忠光と同年に没しており、享年九十五歳であったといわれており、忠光も九十歳前後の長寿を保ったことが察せられる。

ともかく忠光は鎌倉後期から南北朝前期にかけて活動した人物であったわけで、その名字の地が、そのころ大隅国祢寝院南俣に属していた佐多村（現佐多町）であったことは疑いないところであるが、忠光がこの地を取得するに至った経緯については、いま一つ明確でない点がのこされていた。しかしながら、最近これがある程度解明できたのではないかと思われるので、以下、この点について述べてみたいと思う。

一　祢寝佐多氏

元来、この佐多の地には、島津佐多氏出現以前に建部姓祢寝氏の庶流（分家）といわれる佐多氏が領主として存在していた。以下これを祢寝佐多氏と呼んでその足跡をたどってみる。

建久八年（一一九七）に作成され幕府に注進された九州諸国の図田帳（土地台帳）の一つである大隅国の同帳によると、大隅正八幡宮領の一つとして祢寝院南俣四十町があり、その内、郡本三十町は「元建部清重所知」とあって、当時はその縁戚である菱刈氏が知行しており（後には本領主である清重がこれを回復した）、佐多十町は建部高清が知行していた。これが祢寝佐多氏である。

この建部一族に関する著名な史料集である「祢寝文書」によると、平安末期から鎌倉初期にかけての祢寝佐多氏は、頼高―親清―親高とあって高清の名は見られないが、年代的にみて親清に当たるものといわれる。

以後、祢寝佐多氏は、親清の子親高が所領を未処分のまま死去したので、その子兄(惣領)親綱と弟(庶子)宗親の間で相論が生じ、建長五年(一二五三)幕府の命によって所領の配分が行われ、宗親には佐多村田地四町などが与えられた。その後も親綱と宗親の間では、大泊浦の公事負担など七件に関して相論があったが、正嘉二年(一二五八)に至って和解し、時の大隅国守護名越時章によって承認された。

これらの相論によって、庶子家の宗親は、惣領家親綱による支配を脱して、相互に独立対等の、いわゆる各別御家人としての地位を認知されたものとみられる。

この後、庶子家宗親の子定親は、惣領家親綱の子親治と、異国警固番役の勤仕についても相論を起こしたが、弘安六年(一二八三)当時の大隅守護千葉宗胤によって、「所詮、定親は各別御家人として安堵の御下文を帯する上は、警固番役の事は各別勤仕を致すべし」と裁決された。

このように所領をめぐる相論の絶えなかった祢寝佐多氏惣領・庶子両家であるが、鎌倉末期における両家の所領支配状況をみると、次のとおりである。

まず庶子家では、正和五年(一三一五)定親の子信親がその所領「佐多村西方五分三」および「同村内田地四段余」などを「病体半中風」のために「本所(大隅正八幡宮)年貢、関東(幕府)御用難治」によって、建部氏「一門嫡家惣領」たる祢寝郡司清保（建部清重子孫）に売却また譲与して、その子力寿丸（親吉）を養子に迎え入れた。ところが、その後信親が証文に反して清保の知行を妨げたので、清保はこれを鎮西探題に訴えた。そこで探題は信親に召文を下して召喚したが、信親がこれに応じなかったので、加治木郡司政平を遣わして難治の実否を尋問させたところ、信親は清保の知行を妨げ押領したことはないとして証文を承認したので、探題は嘉暦三年（一三二八）に下知状を下して、あらためて清保の領知を安堵した。

また、惣領家では親綱の子の一人とみられる親政が「親綱配分状」によって知行していた「佐多村田地七段・薗壱所」を文保二年（一三一八）祢寝清種（清保甥・池端氏）に売却したが、佐多弥七親経（親政の子か）が正中二年（一三二五）以来これを押領したので、清種はこれを鎮西探題に訴えた。ところが、親経が度々の召文にも応じなかったので、探題は谷山郡司五郎左衛門入道隆信に命じて実状を尋問させたところ、親経は陳弁できなかったので、召文に違背した咎は免れないとして、正慶元年（一三三二）係争地は清種の領掌とすることが裁定された。

このように祢寝佐多氏は、もともと狭少な所領を庶子家の自立に伴う分割相続によって細分化し、惣庶両家ともに生計の維持が困難となったので、建部一門の本家である祢寝氏に所領を売却し、譲与してその援助を求めたのであるが、窮乏化は止まず、ついに押領をはたらくまでになったのである。

こうして南北朝期に入ると祢寝佐多氏は惣庶両家ともにその活動は見られなくなってしまった。

二　島津本宗家と祢寝佐多氏との相論

島津佐多氏の系譜によると、初代忠光は文保二年（一三一八）三月一五日父忠宗の譲状（以下これを文保譲状という）によって佐多村を領治するようになったという。

忠宗には七人の男子がおり、嫡男貞久（道鑑）、二男忠氏（実忠・和泉氏）、三男忠光（師忠・佐多氏）、四男時久（新納氏）、五男資久（樺山氏）、六男資忠（北郷氏）、七男忠泰（石坂氏）であるが、伝存している文保譲状は、嫡子貞久および「大むすめ御ぜん」宛の正文と、四男時久宛の案文（写）の三通しかなく、この時、忠光にも譲状が与えられたのか、与えられたとしてもこれに佐多村が明記されていたのか、史料上の裏付けはないのである（ただし、文保譲状には嫡子と末子を除いた五人に対して、それぞれ名字の地が与えられたとする文書が伝えられているが、これは中世の終わりころに作成され明らかな偽文書であり、これは論外である）。

元来、島津氏は、初代忠久のとき与えられた薩隅日三国守護職および島津荘地頭職を建仁三年（一二〇三）九月の比企氏の乱に際して忠久がその近縁者として連坐によって没収され、後に薩摩国の守護地頭職は忠久に返付されたが、大隅・日向の分は鎌倉時代を通して失ったまま返還されることはなかった。したがって、島津氏は通常では大隅国の所領、とくに島津荘以外の佐多村のような正八幡宮領に関与する権限はまったく持ち合わせていなかったのである。

さらにまた前述したように、祢寝佐多氏は分割相続によって弱体化したとはいえ、鎌倉末期までは佐多村に存在しており、島津氏が勝手に譲状などによってこの地を処分することはできなかったはずであるが、それにもかかわらず島津忠宗が文保譲状によって同佐多氏初代忠光にこの地を譲与したとするについては、これ以前に同村を取得していなければならなかったわけである。では島津氏は祢寝佐多氏とどのような交渉があって同地を入手したのか、このことについては多年不明不詳のまま不問に付されてきたところであった。

しかしながら、最近思い立ってあらためて祢寝文書を精査してみたところ、島津氏が文保譲状作成のころ、祢寝佐多氏とたしかに接触のあったことを示す史料が一点だけ存在していることに気づいたのである。

それは次に掲げる鎮西探題施行状案、すなわち同探題が鎌倉幕府の命を受けて、これをこの場合は島津忠宗に取り次いだ文書の写しである。

大隅国佐多彦四郎申、亡父親治遺領越訴事、今年八月一日関東御教書副具書如此、
可被支申哉否、可被申左右也、
仍執達如件、

元応二年十二月一日　　　　前遠江守《北条随時》御判

下野前司《島津忠宗》入道殿

（大隅国佐多彦四郎申す、亡父親治遺領越訴の事、今年八月一日関東御教書具書を副う此《かく》の如し、支《つか》え申さるべきや否や、左右申さるべきなり）

本文書によると、祢寝佐多氏惣領家の彦四郎は、亡父親治（その没年は明らかでないが、史料上では文保二年十一月日佐多掾親治代建部親純状案があり、これまでは生存が確かめられる。この親純が彦四郎のことであろう）の遺領の相続に際して、島津忠宗と相論を生じ、まず鎮西探題に訴えたが、探題の判決に不服で、さらに鎌倉に出訴して再

審（越訴）を求めた。これを受理した幕府は、元応二年（一三二〇）八月一日関東御教書（幕府の命令書）を探題に発し、彦四郎の訴状および関係文書を送達して、忠宗に文障・反論があるかどうか、答弁書（陳状）を提出させるよう命じた。そこで探題はこの旨を同年十二月一日付で忠宗に通達したのである。

三　祢寝佐多氏と薩摩国御家人東郷氏との相論

それにしても、祢寝佐多氏がその所領を相続するに当たって島津氏と相論を起こしたのには、どんな事情があったのだろうか。関係文書がいっさい伝来せず、臆測するよりほかはないのであるが、これについて一つの示唆を与えてくれるのが、元徳二年（一三三〇）五月二十八日建部助清避状（譲渡状）である。

建部助清とは、佐多村と同じく祢寝院南俣に属する隣村田代村（現錦江町）を所領とする建部氏一族の御家人田代氏であるが、この避状によると、助清はその所領佐多村内の安行名を祢寝清保（行智）に譲渡するに際して次のように述べている。

奉引渡和与地大隅国祢寝南俣佐多村安行名事

右、於当名者、助清重代相伝所領也、然問、相副田代村田地屋敷狩倉、所引渡祢寝入道行智《(清保)》方也、但先年之比、為本銭返質券、雖入置彼名於薩摩国東郷三郎左衛門入道、請出之、助清当知行無相違、（中略）

元徳二年五月二十八日　　建部助清（花押）

本文書によると、助清は引き渡すべき佐多安行名について、「但」以下で次のように言っている。

先年の頃、本銭返質券として、かの名（安行名）を薩摩国東郷三郎左衛門入道に入れ置くといえども、これを請け出し、助清当知行相違なし。

右に見える「本銭返」とは、「中世近世に行われた不動産売買の一種で、売主が代価を返済すれば、請け返し（買い戻し）ができるもので、代価が米穀の場合は本物返という。買い戻しがいつでも可能なもの、一定期間内に買い戻さないとその権利を失うもの、逆に一定期間の経過後に買い戻し権が生じるものなど、様々な種類が存在した。」と説明されている（『岩波日本史辞典』）。

田代助清は先年金策のため、その所領安行名を薩摩国東郷三郎左衛門入道に、右のどの種類か不明であるが、ともかく本銭返しの質券（証文）を入れて売却していたが、これを買い戻して、目下相違なく知行している名田であることを誓って、これを祢寝氏に譲渡しようとしているのである。

助清が一たん売買契約を結んだ「東郷三郎左衛門入道」とは、東郷別府（現薩摩川内市）の領主であり、暦応四年（一三四一）三月二十四日付新田神社文書に「東郷三郎左衛門入道道弘」とあり、同五年三月五日同文書には「在国司三郎左衛門入道道弘」と見えているように、薩摩国在庁官人の筆頭である在国司・掾大前氏一族の有力御家人であった。

このように大隅国の半島最南端部と薩摩国中心部の御家人間で、所領の売買契約が結ばれていたことは一つの驚きであり、両国の御家人間の人的・経済的交流、それに伴なう鹿児島湾内外の海上交通は、想像以上に親密・活発なものがあったことがうかがわれるのである。

祢寝佐多氏の惣領家親治も、おそらく金策のためにその所領を本銭返しの契約で島津氏に売却していたのであるが、その子彦四郎がこれを請け出そうとしたとき、契約条件の解釈に見解の相違が生じ、島津氏がこれを拒否したので、彦四郎はこれを鎮西探題に訴えたが、有利な判決が得られず、さらに越訴に及んだのである。

年代的にみて、この売買契約は文保譲状作成以前になされたもので、彦四郎の提訴に対して忠宗は、正当に取得し、適法に知行してきた所領であると主張したのであり、すでに忠光宛の文保譲状にその譲与が明記されていたものと推察されるのである。

むすびにかえて

このように佐多村の祢寝佐多親治の遺領は、同氏が返還を求めて越訴にまで及んだ所領であるにもかかわらず、島津氏はその保持に固執したのであるが、それにはどのようなことが考えられるのだろうか。

鎌倉時代、島津氏の地頭職が及んでいた薩摩国内の所領をみると、初代忠久と同時期に地頭千葉氏（後に渋谷氏）に与えられた高城郡・東郷別府・入来院・祁答院・甑島郡の五郡院、および同鮫島氏に与えられた阿多郡（後に郡内北方は二階堂氏の知行地となる）を除いて、忠久の晩年には河辺郡が北条得宗（嫡流）領となり、鎌倉末期には加世田別府が同氏一門領、さらに揖宿郡が大隅守護（北条氏、時に千葉氏）領となっていたことが知られている。

島津氏は、このように坊津・山川港などの天然の良港に恵まれ、南島交易・海外貿易の恰好《かっこう》の根拠地・中継基地となっていた薩摩半島南部の郡・別府を北条氏・同一族に奪われていたのである。
そこで、島津氏は佐多村をこれらの代替地として、その確保につとめたことがうかがわれ、これを忠光に譲与したのであり、ここに島津佐多氏が成立したのである。

［補記］
佐多氏初代忠光（師忠）は、南北朝初期の暦応四年（一三四一）四月、島津貞久の命を受け、鹿児島郡東福寺城（現在鹿児島市北部海岸に望む多賀山）に拠る南朝軍肝付兼重らの攻撃に当たり「浜手大将（水軍指揮者）」としてこれを陥落させ、同年七月には大隅国軍勢を同国守護所に招集して薩摩国南方に拠る南朝軍を攻撃するよう命ぜられた。
いずれも佐多忠光の率いた軍勢の性格を物語る史実であろう。

［付記］
本稿は平成十二年四月二十二日鹿児島中世史研究会で行った発表「祢寝佐多氏から島津佐多氏へ」を要約したものである。（二〇〇〇・八・七）

『南九州市薩南文化』第三十八号　（平成十三年（二〇〇一）三月十一日　知覧町立図書館発行）

二部　薩摩・大隅建国事情散策

薩摩・大隅両国誕生記

Ⅰ　薩摩国の成立について

はじめに

大化改新の理念を継承して、公地公民制に基づく中央集権的支配体制の構築を期した大宝律令が施行されたとき、薩摩・大隅両国はまだ誕生しておらず、両地方は日向国に包含されていたが、薩摩国はその翌年になって設置されたことが知られている。

ところが、その成立の契機・経緯などについて一定した発表をこれまで管見に及んだことがないので、当時の史料として六国史中の第二の史書の『続日本紀』から、その関係記事を、宇治谷孟現代語訳『続日本紀（上）』（講談社学術文庫）によって紹介し、とくにその中の重要記事については、その原文を『新日本古典文学体系　続日本紀一』（岩波書店）によって傍記して、各記事間の関連をはかりながら薩摩国成立にいたった過程をたどり、これを解説として付記することにした。

史料

文武天皇二年（六九八）

① 四月十三日務広弐《むこうに》（正七位下相当）の文忌寸博士《ふみのいみきはかせ》ら八人を南嶋《みなみのしま》に遣わして、国を探させた。そのため兵器を支給した。

〔遣二務広弐文忌寸博士等八人于南嶋一覓レ国。因給二戎器一。〕（A）

文武天皇三年（六九九）

② 秋七月十九日　多褹《たね》（種子島）・夜久《やく》（屋久島）・菴美《あまみ》（奄美大島）・度感《とく》（徳之島）などの人々が、朝廷から遣わされた官人に従ってやってきて、土地の産物を献上した。身分に応じて位を授け、物を賜わった。その度感《とく》島の人が、中国（日本をさす。中華思想の日本版）に渡来するのは、この時から始まった。

③ 八月八日　南嶋《みなみしま》の貢物を伊勢大神宮及び諸社に奉納した。

④ 十一月四日　文忌寸博士《ふみのいみきはかせ》・刑部真木《おさかべのまき》らが南嶋から帰って来た。それぞれに彼ら

の位を進めた。

⑤　十二月四日　大宰府に命じて三野《みの》（日向国児湯郡三納か）・稲積（大隅国桑原郡稲積）の二城を築かせた。

文武天皇四年（七〇〇）

⑥　六月三日　薩末《さつま》の比売《ひめ》・久売《くめ》・波豆《はつ》・衣評《えのこおり》の督《かみ》の衣君県《えのきみあがた》・同じく助督《すけ》の衣君弖自美《てじみ》、また肝衝《きもつき》の難波、これに従う肥人《くまひと》（肥後国玖磨《くま》郡のひと）らが武器を持って、さきに朝廷から派遣された覓国使《くにまぎのつかい》の刑部真木《おさかべのまき》らをおどして、物を奪おうとした。そこで筑紫《ちく》の惣領に勅を下して、犯罪の場合と同じように処罰させた。

〔薩末比売・久売・波豆、衣評督衣君県、助督衣君弖自美、又肝衝難波、従二肥人等一、持二兵剽レ却覓国使刑部真木等一。於レ是勅二竺志惣領一、准レ犯決罰。〕（B）

⑦　十月十五日　直大壱（正四位上相当）の石上《いそのかみ》朝臣麻呂《まろ》を筑紫総領に任じ、直広参（正五位下相当）の小野《おの》朝臣毛野《けの》を大弐《だいに》（筑紫総領の次官）に任じた。

大宝《たいほう》元年（七〇一）

⑧　八月八日　明法《みょうぼう》博士を六道〈分注。七道の中から西海道を除く〉に派遣して、

新令（大宝令）を講釈させた。

大宝二年（七〇二）

⑨　二月二十二日　甲斐《かい》国が梓弓《あずさゆみ》を五百張献上したので、それを大宰府《だざいふ》の用に充てた。

⑩　三月二十七日　信濃《しなの》国が梓弓《あずさゆみ》千二十張を献上したので、それを大宰府用に充てた。

⑪　三月三十日　大宰府が、所管の国の国司の掾（三等官）以下の者と郡司らを、自ら選考することを許可した。

〔聴㆔大宰府専銓㆓擬所部国掾已下及郡司等㆒。〕（C）

⑫　四月十五日　筑紫《ちくし》七国（西海道）と越後《えちご》国に命じて、采女《うねめ》（郡司の子女で、容姿端麗の者）・兵衛《とねり》（宮門の警備等に当った郡司の子弟）を選び任命し、貢進させた。

⑬　五月二十一日　天皇は、従三位の大伴宿禰安麻呂《おおともやすまろ》・正四位下の粟田朝臣真人《あわだまひと》・従四位上の高向朝臣麻呂《たかむこまろ》・従四位下の下毛野朝臣古麻呂《しもつけのこまろ》・小野朝臣毛野に詔して、朝廷の政治に参加させられた。

⑭　八月一日薩摩と多褹（種子島）は王化に服さず、政令に逆っていたので、兵を

遣わして征討し、戸口を調査して常駐の官人を置いた。
〔薩摩・多褹、隔レ化逆レ命。於レ是発レ兵征討、遂校レ戸置レ吏焉。〕（D）

⑮　九月十四日　反抗した薩摩の隼人《はやと》を征討した軍士に、それぞれ功績に応じた勲位を授けた。

⑯　十月三日　これより先、薩摩の隼人《はやと》を征討する時、大宰府管内の九神社に祈祷したが、実にその神威のお蔭で、荒ぶる賊を平定することが出来た。そこで幣帛を奉って、祈願成就に報いることとした。

唱更《しょうこう》（辺境を守る役）の国司ら〈分注。今の薩摩国の国司〉が言上した。
「国内の要害の地に、柵を建て、守備兵を置いて守ろうと思います」と。
これを許した。

解説

文武天皇二年

①　六九八年四月十三日、文忌寸博士（『日本書紀』には「博勢」とある）らが派遣された「南島」とは、②に記された島々であり、博士はすでに持統天皇九年（六九九

五）三月二十三日に「蛮《ひな》の居所を求める」ために多祢島（種子島）に遣わされたことが知られている。

訳文「国を探す」とは原文に「国を覓《もと》める」、⑥に「国覓《くにまぎ》」とも読んでおり、国土編入調査、すなわち公地公民化のための予備調査ということであろう。

文武天皇三年

② 六九九年七月十九日、南島から現地人（隼人）が「官人」（おそらく覓国使の一員であったろう）に伴われて貢物が献上された。

③ 同年八月八日、右の献上品は珍重すべき品々であったので、伊勢神宮はじめ諸社に奉納されたのである。

④ 同年十一月四日、覓国使の文氏・刑部氏らが帰国したが、南島からの献上物があってから四か月後のことである。調査が長引いたものであろうか。あるいは⑥で知られるように島からの帰途、上陸地薩摩あたりで隼人の来襲を受けており、拘束されていたことも考えられよう。

⑤ 同年十二月四日、大宰府は二城の築造を命じられており、これも覓国使の受けた事件の報告により、隼人居住地域が不穏な状況にあることを憂慮しての対策であった

ろうとみられる。

文武天皇四年

⑥　七〇〇年六月三日、まずこの記事について確認しておきたいのは、この日は隼人による覓国使脅迫事件に関して「准犯決罰」の勅令が下された日であるということである。とすると、当然これを受けた大宰府によるその執行はこの日以後のことになる。ところが、訳文を見ると、その文末は「処罰させた」とあって、この件はこれで決着したかのような錯覚を招く恐れのある記述になっているのである。そこで、これは文末を「処罰せよと命じた」とすれば、その誤解は避けられるのではないかと思われる。

さらにこの日付について気になるのは、隼人らの覓国使脅迫事件は、前述のように同使の帰国直後に報告がなされたとみられるのに、この勅令が下るまでには七か月もたっていることである。とくに人命が失われたともみられない事件に対する処置としては遅すぎる決定ではなかろうか。

そこで問題となるのはこの勅令の内容であり、これに関する参考事例として、同じく『続日本紀二』養老四年（七二〇）二月二十九日条に大宰府から報告のあった隼人による大隅守殺害事件に際して、同年三月四日条に大伴旅人に下された征隼人大将軍の任命書の文言が、同年六月十七日条の慰問の詔に引用されているので次に示す（現代語訳を付した）。

今西隅小賊、怙ㇾ乱逆ㇾ化、屢害二良民一、因遣二持節将軍正四位下中納言兼中務卿大伴宿祢旅人一、誅二罰其罪一、尽二彼巣居一、

〔いま西の辺境の小賊（隼人）が反乱を起こし、天皇の導きに逆らって、たびたび良民に危害を加えている。そこで持節将軍（中略）大伴宿祢旅人を派遣して、その罪を誅罰し、隼人の拠点を一掃させた。〕

右を見ると、「征討」の文字はないが、これに相当するのは「その罪を誅罰し」という文言であろう。すなわち当初からやみくもに武力行使に出るのではなく、あくまでも法令違反の責めを問うことを目的としており、その任務遂行のための派兵であり、その結果は犯罪者の自己責任として負うべきであるというのが、その趣旨であろう。とすると、⑥「准犯決罰」もこれと全く同意語であり、実質は征討命令にほかならなかったことが首肯されよう。

このように覓国使脅迫事件に対して下された勅令が征討を含意していたとすると、朝

議がこれを機会に覓国を遂行せよという武断派とこれに反対する慎重派とに分裂して容易に一致せず、七か月を要したことも理解されるのである。

⑦　同年十月十五日、大宰府では人事異動が行われ、「筑紫総領」、すなわち大宰府長官（後の帥）に石上麻呂、大弐に小野毛野が任命された。これこそ隼人決罰の勅令に対応した臨戦態勢づくりの異動であった。

石上麻呂は、当時議政官として左・右大臣につぐ重職の大納言で、当年六十四歳であったが、注目されるのは、その出自が当時すでに滅亡していた物部氏の一族であったことである。物部氏については次のようなことが言われている（日本古典文学大系『日本書紀上』補注3―一六）。

物部氏は大伴氏とならんで、軍事的指導官の伴造氏族で、記伝以来、モノノへはモノノフへ（武士部）の意に解されるむきが強いが、モノノへのモノは、精霊とか霊魂を意味する魂（もの）であって、神事にかかわる語にとった方がよい。（中略）古代では、裁判はすべて神判であって、神事に関係していた物部氏が神意の発現として行なわれた刑罰にも関係してくるのは当然であり、（中略）本来、刑罰と軍事とは一つなのであり、従って物部氏ばかりでなく、軍事的伴造である大伴氏も来目部を率いて刑罰に当っている。

石上麻呂はこのような物部氏の伝統を継承していて適任であったろうが、兼務・遥任であり、これに代わって現地に赴任したのが、かつての遣隋使小野妹子の孫である大弐小野毛野であり、おそらく隼人征討軍の指揮官として出陣したものとみられる。

これらの人選が決定するについても、勅令が下ってから四か月を要しており、初の隼人征討軍ということで、紆余曲折があったものと思われる。こうして小野毛野の着任を迎え、陣容を整えて征討軍が発兵したのは、おそらく大宝元年になってからのことではなかったかと推測されよう。

大宝元年

⑧　七〇一年八月八日、この年三月に完成した大宝令の講釈・説明会をするについて、西海道すなわち筑紫（後の九州）を除いて、六道（東海・東山・北陸・山陽・山陰・南海）だけに明法博士を派遣して実施されたというのであり、大宰府管内は隼人征討が進行中で、府官および諸国司の多くはこれに従軍していて、人員がそろわなかったことがうかがわれる。

大宝二年

⑨　七〇二年二月二十二日甲斐国、⑩同年三月二十七日信濃国から梓弓の献上があり、大宰府に送られたという。いずれも山国からの梓弓の献上であり、その数量からみて、隼人征討決定のとき、大宰府からの言上によって両国に指定してその製作献上を命じたものであろうが、あるいはこのころは軍事活動は終結していたかもしれない。

⑪　同年三月三十日、大宰府は、本来政府式部省が選考任命すべきである国司・郡司について、府管内では国司の守・介を除く掾・目および郡司に限って、府が独自に選任することを要請して、これが許可されたのである。おそらく、このころはすでに武力行使も終息し、郡郷などの地方行政区画の編成、首長の任命などの促進をはかるねらいがあったものとみられる。

⑫　同年四月十五日、筑紫七国（筑前・筑後・肥前・肥後・豊前・豊後・日向、前述のように薩摩・大隅両国は未設置）から采女・兵衛の選任・貢進が命ぜられたという。このことは大宰府管内が平時状態を回復したことを示唆するものであろう。

⑬　同年五月二十一日、朝廷の人事において、小野毛野が朝政に参画する職（参議）に任ぜられた。小野は指揮していた征討軍の武力行使が終結して論功行賞にあずかり、

朝廷に帰ったのである。

⑭　同年八月一日、征討活動はすでに終わっており、戦後経営として、その所期の目的であった「校戸」すなわち戸籍調査、「置吏」すなわち国司の掾・目および郡司の任命を完了したことが大宰府から報告されてこの記録となったのである。

したがって、もう言うまでもなくＤにおける「隔化逆命」「発兵征討」はＡの「准犯決罰」に対する復命であり、これによって遂行された「校戸置吏」こそ、覓国すなわち国土編入、公地公民化による薩摩国建置の基礎作りであったのである。

なお蛇足かとも思われるが、Ｂにおける「准犯決罰」、Ｄの「隔化逆命」、「発兵征討」、さらに「校戸置吏」などに見られる四字句は、他の平板に事実を叙した散文と異なり、たとえば当時すでに伝来していた、「天地玄黄（天は黒く地は黄色）」「宇宙洪荒（時間空間は広大で茫漠としている）」という一句四音（四文字）ではじまり二五〇句の韻文でつづられた『千字文』などに学んだものだろうか、他見に供する格式を重んじた公文書に多用された修辞技法である。

この点からみても、Ｂはもちろん勅語であり、Ｄは大宰府から朝廷への上奏文による記事であることが認められるのではなかろうかと思われる。

⑮　同年九月十四日、隼人征討軍士の論功行賞があったのであり、⑭「校戸置吏」の

報告があってから一月半という、わりに短期間内になされたことを思うと、あるいはその名簿は⑬五月二十一日参議となって帰還した小野毛野の手に託されて上申されたのではないかとも思われるのである。

⑯　同年十月三日、隼人征討の際、大宰府は管内の「九神社」に戦勝祈願を行なったという。神社数からみて軍士は管内各国から徴集されていたものと思われる。そして、この日、薩摩国の誕生が知られており、おそらく国司は大宰府の武官が選任されたのではなかろうかとも思われるのである。

おわりに

繰り返すようであるが、この初回の隼人征討は、隼人による南島覓国使脅迫事件に端を発して、七〇〇年六月三日「准犯決罰」の勅令が大宰府に下され、続いて十月十五日に府の大弐に任ぜられた小野毛野の指揮のもとに「発兵征討」し、七〇二年五月二十一日に毛野が参議に任命されたことから、その武力行使は終了したとみられ、この後八月一日に「校戸置吏」完了の報告があって、十月三日には薩摩国が建置されたのである。

以上の隼人征討に対する私の構想を表示してみると次のとおりである。

（A）遣文忌寸博士等八人于南嶋覓国。

（B）薩末比賣等、持兵剽却覓国使。

於是勅竺志惣領、准犯決罰。

（D）薩摩・多褹、隔化逆命。

於是発兵征討、

（C）聴大宰府専銓擬所部国掾已下及郡司等。

（D）遂校戸置吏焉。

Ⅱ　大隅国の成立について

はじめに

大隅国の建置は、『続日本紀』（以下『続紀』と称する）和銅六年（七一三）四月条に次のように記されていることから明らかである（以下引用文は読み下し文にする）。

日向の肝坏《きもつき》・贈於・大隅・始䙝の四郡を割きて、始めて大隅国を置く。

その国府ははじめ贈於郡に置かれたが、後に同郡は分割されて、その所在地は桑原郡と改称された。この大隅国の新設があって三か月後、『続紀』同年七月条によると、次の詔が記されている。

授くるに勲級を以てするは、本、功有るに拠る。若し優異せずは、何を以てか進奨《すすす》めむ。今、隼《はやひと》の賊《あた》を討てる将軍并せて士卒ら、戦陣に功有る者一千二百八十余人に、並びに労に随ひて勲を授くべし。

これによると、おそらく大宰府から言上されたのであろう、隼人討伐軍にかかわる将士の処遇について問い合わせがあったので、政府は戦功者には勲位を授けよと命じたことが知られる。

この隼人征討については、この外に史料は全く伝存せず、詳細は不明であるが、時期的にみて大隅国設置にかかわるものであったろうことが推定されている。つまり、その設置に伴う施策が隼人の伝統や習俗を無視するなど、とうてい容認できない改革であったので、隼人としては抵抗せざるをえず、ついに反乱として討伐を受けることになったものと推察されるのである。

では、大隅国設置に際しては、どのような改革がなされたのだろうか。その一端とみられることについて以下述べてみる。

一　大隅国志摩郷と鹿児島神社

これより時代を遡ること十一年前、大宝律令が制定された翌二年（七〇二）、薩摩国も同じく日向国から分置されたが、『和名抄』によってその郡郷の配置を見ると、その十三郡は離島の甑島郡を除いて、北西部の出水郡から海岸線を南に下り、薩摩半島を一周して鹿児島郡で終わっており、その東方海上、すなわち湾内には桜島が横たわっている。

この桜島こそ、当時は鹿児島と称されていた島であった。

元来、鹿児島とは、『古事記』『日本書紀』（合わせて『記紀』という）に見えるカグツチ（火の神）、あるいは「かぐやひめ」の名の「カグ」の転化した語であり、大和（奈良）三山の一つ「香具山」はカゴヤマともいわれ、古代大和朝廷が当地方を平定したとき、この山の土で焼いた祭器を供えて神に祈ったという伝承がある。この山の北西麓には「埴安池」という、万葉集にも詠まれた池があった。「埴」とは質の緻密な黄赤色の粘土で、昔はこれで瓦・陶器を作っていたといわれ、この池は埴土を掘り祭器を焼いた跡だったのではないだろうかと思われる。

このように鹿児島とは火山を意味する名称であり、現在の桜島の古名であった。したがって鹿児島郡とは、この島名を借用した郡名であったのである。ということは、もちろん鹿児島（桜島）は薩摩国建置のときは同国領に属していたのである（他国領の山岳名を借用するはずがないのは言うまでもない）。

ところが島が鹿児島郡に属するにしては、たとえば同じ薩摩国内の開聞岳が頴娃郡開聞郷として、その周辺の郷名に用いられているのと同じく、一郷としての面積は満たしているとみられるのに、『和名抄』によって鹿児島郡を見ても鹿児島郷という郷名は見られないのである（同郡内には三郷が記されているが、いずれも比定地は不明ながらも島内の地名とは見られていない）。

これはどうしたことだろうか。そこで『和名抄』で大隅国を見ると、同国贈於郡の一郷に「志摩」とあり、これには「国（大隅）では島の字を用いる」旨の注記が加えられている。これこそ大隅国設置以前の薩摩国鹿児島郡鹿児島郷であり、島は大隅国設立とともに同国に移籍されたのである。

このように大隅国が新設されると、島は薩摩国から大隅国に移管され、島を一郷として支配していた鹿児島郡司（隼人）は、その一郷を失ってしまったわけであるが、問題はどうして中央政府はこのような改編をする必要があったのだろうかということである。

実は鹿児島郡司にとって、その郡名の由来となった鹿児島郷の喪失は、単にその支配地の面積を減少させるだけにとどまらず、支配権そのものの弱体化、ひいてはその維持いかんにもかかわる問題であった。

当時諸国の在地豪族（首長・郡司層）は、地域内の主要な神社の祭祀権を握り、いわゆる祭政一致の体制をとって、人心収攬に当たっていた。鹿児島郡にも、先述のように火の神の宿る島として畏敬崇拝されている鹿児島（桜島）があり、これを神体山として祀る鹿児島神社が本土内に鎮座していて、同郡司はこれに神官として臨み、その支配権の補完につとめていたのである。

ところが、中央政府は律令制が成立すると、その機構の中に神祇官を設けて、各地の神社を保護と管理統制下に置いて、在地首長層のもつ祭祀権を吸収するとともに、官僚化をはかって中央集権体制確立の一策としたのである(1)。

そこで大隅国設置に際しても、幸いに薩摩国には火山を神体山とする神社が二社あり、そのうちの大隅国に近接した鹿児島神社を勧請するために、これと不離一体である鹿児島（桜島）の移管をはかったのである。

しかしながら政府のこの方針は、当郡司以下郡民隼人にとってはまさに寝耳に水の驚きであり、その怒りは反乱として征討を招いたのである。

二　大隅国曽乃峰と高智保神社

さて、つぎに鹿児島（島・神）を当てがわれた大隅地方の状況を述べるについては、やや時代を遡って、『続紀』天武四年（七〇〇）六月条に見える、政府派遣の南島覓国《べっこく》（国土編入調査）使に対する脅迫事件を起こして隼人征討を招いた首長のひとり、「衣評督《こおりのかみ》衣君県《あがた》」について私見を記すことにする。

それというのは、「衣評」についてはは通説ではエノコオリと読んで頴娃郡のこととされているのであるが、「衣」は古くはソとも読んだ（たとえば袖は衣手《そで》であるという）ので、「衣君県」は「曽君県」（「県」はここでは人名であるが、本来は私領地、直轄地の意味であり、日向国南部に「諸県郡」があるのが想起される）と解することができるのではないかということである。

とすると、次に掲げる『続紀』和銅三年（七一〇）正月条の記事に見える「日向隼人曽君細麻呂」とはこの一族ではなかったかとみられる。

日向隼人曽君細麻呂、荒俗を教え喩《さと》して、聖化に馴れ服はしむ。詔《みことのり》して外従五位下を授けたまふ。

これによると、細麻呂は日向隼人の習俗が粗野で王化になじまなかったので、これを矯正して帰服させたというのであり、政府としては叙位をもって行賞したのである。

このように対策が行われていたにもかかわらず、和銅六年大隅国設置になると、隼人征討が避けられなかったわけであるが、その事情については、これ以後の史料によってうかがってみたいと思う。

『続紀』延暦七年（七八八）二月条によると、「大隅国贈於郡曽乃峰」が大噴火を起こしたという。

曽乃峰とはどこの山だろうか。この噴火は現在の高千穂峰の西に隣接する御鉢から生じたことが、科学的に証明されている(2)。高千穂峰については、『日本書紀』巻第二神代下一書（第四）によると、「日向の襲（曽）の高千穂の槵日《くしひ》の二上峰」とあるのが注目される。

すなわち、高千穂峰はこの噴火前までは二峰から成り、一峰は現在の高千穂峰であり、他の一峰はこの西にある御鉢の噴火前にあったとみられる山頂であり、これが曽乃峰であったのである(3)（現在、二上山という名の山が奈良県・大阪府にまたがって雄岳・雌岳とあり、万葉集にも歌われている）。

高千穂というと、『続日本後紀』承和十年（八四三）九月条に「日向国無位高智保神」が従五位下を贈られ、また『三代実録』天安二年（八五八）十月条には、従五位上の高智保神が従四位上に進められている。

「高智保」が高千穂であることは疑いなく、こうしてみると、曽乃峰も高智保神の神体山であったことが確かである。そこで問題になるのは、それぞれの所在地をみると、曽乃峰は大隅国贈於郡に編入されているのに対して、神社は日向国にとどまっていることである。神体山とそれを祀る神社は、前述のように鹿児島（桜島）と鹿児島神をともに大隅国に移したように、両者はさいてい同一国内に存在するのが当然であるからである。おそらく中央政権は、鹿児島（桜島）と鹿児島神を大隅国に移転させるについては、その前提として曽乃峰をふくむ高千穂峰と高智保神は日向国にのこす予定であったものと思われる。

しかしながら、薩摩国内では鹿児島（桜島・神社）を失うことに拒否反応を示したように、大隅国でも曽君氏とその支配下の隼人らは高千穂二峰と高智保神に代えて鹿児島神を祀ることを容認できず抵抗したが、征討を受けた結果、曽乃峰だけを大隅国領とすることで妥協したのである。

おわりに

こうして征討は終わったが、その後も依然として人心の動揺は治まらなかったので、

『続紀』和銅七年三月条によると、次のような措置を講じた。

隼人、昏荒《こんこう》野心にして憲法に習はず。因りて豊前国の民二百戸を移して相勧め導かしむ。

政府は隼人が道理に暗く粗野で法律を守らないという口実で、とくに贈於郡の分割を断行し、前述のように国府の所在地をふくむ西部一帯を桑原郡として、この地に豊前国からの移民を配して大分・豊国の二郷を置き（『和名抄』）、曽君氏の勢力の削減などして治安の維持をはかったのである。

註

（1）井上寛司氏『「神道」の虚像と実像』（講談社現代新書、二〇一一年）第一章「日本の律令制と神社は双生児である」に拠る。

（2）筒井正明・奥野　充・小林哲夫氏「霧島・御鉢火山の噴火史」（『火山』第五二巻第一号、二〇〇七年）によると、「御鉢は約一三〇〇年前の噴火によって誕生し、その後約五四〇年間までの噴出物によって、現在とほぼ同規模の山体を形成した」といわれる。本資料は、気象大学校教授高山寛美氏のご教示に預りました。感謝申し上げます。

（3）『続記』天平十四年（七四二）十一月十一日条によると、大隅国司の報告として、空中に太鼓音が響き、野の雉が驚き、地震が続いたという。ここに噴火・噴煙の記述はなく、素人考えながら御鉢以前の曽乃峰がマグマの膨張などにより鳴動を起こしたのではないかと思われるのである。

『南九州市薩南文化』第四号　（平成二十四年（二〇一二）三月三十一日　南九州市立図書館発行）

古代「衣評」はどこにあったか

はじめに

「衣評」とは『続日本紀』文武四年（七〇〇）六月三日条によると、薩摩国未設置の時代に政府調査団に対する不法行為によって処罰の勅命を受けた隼人の首長の所在地の一つであり、通説によると、「衣評」はエノコオリと訓み、『和名抄』における薩摩国頴娃郡に当たるとされてきた。

しかしながら「衣」の訓みについては、これをエと訓むと、当時の万葉仮名「衣」は上代特殊仮名遣によるとア行（母音）のエに属していたのに対して、「頴娃」の地名は当地の海岸に着目して「江」を好字二字化して命名したもので、「江」は、「頴」も同じくヤ行のエに属しており、「衣」と「江・頴」とは奈良時代までは語音を異にしておいて、両地が同一地であるとは認められないのである[1]。

ところが「衣」は万葉仮名としては「曽」などと同類でソという訓み方ができた。これは漢字伝来のころ日本では被服を、たとえば袖をソデ（衣手）といったようにソと称していたので、これを「衣」の訓読みとしたのである。

そこであらためて「衣」をコロモ・キヌという本来の意味から離れて、万葉仮名ソ（借訓）、およびエ（借音）として詠んだ万葉歌（とくに短歌）を同集の中から拾い出してみる（○印は筆者による）と次のとおりである[2]。

万葉仮名「衣（ソ・エ）」の用例

読み	巻	国歌大観番号・作品
ソ	三	300 佐保過而　寧楽乃手祭尓　置弊者　妹乎目不離　相見染跡衣○ （佐保過ぎて奈良《なら》の手向《たむけ》に置く幣《ぬさ》は妹を目離《か》れず相見しめとそ）
		318 田児之浦従　打出而見者　真白衣○　不尽能高嶺尓　雪波零家留 （田児の浦ゆうち出でて見れば真白にそ富士《ふじ》の高嶺《たかね》に雪は降りける）
	七	1243 視渡者　近里廻乎　田本欲　今衣○吾来　礼巾振之野尓 （見渡せば近き里廻《さとみ》を徘徊《たもとほ》り今そわが来る領巾《ひれ》振りし野に）
	十	2237 黄葉乎　令落四具礼能　零苗尓　夜副衣○寒　一之宿者 （黄葉《もみじば》を散らす時雨《しぐれ》の降るなへに夜さへそ寒き独りし寝《ぬ》れば）

十一

2547 如是計　将恋物衣○常　不念者　妹之手本乎　不纏夜裳有寸
(かくばかり恋ひむものそと思はねば妹が手本《たもと》を纏《ま》かぬ夜もありき)

2571 大夫波　友之騒尓　名草溢　心毛将有　我衣○苦寸
(大夫は友の騒ぎに慰もる心もあるらむ我そ苦しき)

2575 希将見　君乎見常衣○　左手之　執弓方之　眉根掻礼
(めづらしき君を見むとこそ左手の弓執る方の眉根掻きつれ)

2588 夕去者　公来座跡　待夜之　名凝衣○今　宿不勝為
(夕されば君来まさむと待ちし夜のなごりそ今も寝ねがてにする)

2598 遠有跡　公衣○恋流　玉桙之　里人皆尓　吾恋八方
(遠くあれど君にそ恋ふる玉桙の里人皆にわれ恋ひめやも)

2677 佐保乃内従　下風之　吹礼波　還者胡粉　歎夜衣○大寸
(佐保の内ゆ嵐の風の吹きぬれば還りは知らに嘆く夜そ多き)

2716 自高山　出来水　石触　破衣○念　妹不相夕者
(高山ゆ出で来る水の岩に触れ破れてそ思ふ妹に逢はぬ夜は)

2725 白細砂　三津之黄土　色出而　不云耳衣○　我恋楽者
(白細砂《しろまなご》御津《みつ》の黄土《はにふ》の色に出でて云はなくのみそわが恋ふらくは)

ソ

十二

2885 左夜深而　妹乎念出　布妙之　枕毛衣世二　歎鶴鴨
（さ夜ふけて妹を思ひ出敷栲の枕もそよに嘆きつるかも）

2933 不相念　公者雖座　肩恋丹　吾者衣恋　君之光儀
（相思はず君は座《ま》さめど片恋にわれはそ恋ふる君が姿に）

3020 斑鳩之　因可乃池之　宜毛　君乎不言者　念衣吾為流
（斑鳩《いかるが》の因可《よるか》の池の宜しくも君を言はねば思ひそわがする）

十三

3259 如是耳師　相不思有者　天雲之　外衣君者　可有々来
（かくのみし相思はざらば天雲の外にそ君はあるべかりける）

エ

十四

3573 安之比企能　夜麻可都良可気　麻之波尓母　衣可多伎可気乎　於吉夜可良佐武
（あしひきの山葛蘿ましばにも得がたき蘿を置きや枯らさむ）

十五

3676 安麻等夫也　可里乎都可比尓　衣弖之可母　奈良能弥夜故尓　許登都擬夜良武
（天飛ぶや雁を使ひに得てしかも奈良の都に言告げ遣らむ）

3735 於毛波受母　麻許等安里衣牟也　左奴流欲能　伊米尓毛伊母我　美延射良奈久尓

エ	
	（思はずも実あり得むやさ寝る夜の夢にも妹が見えざらなくに）
十八	4078 故敷等伊布波　衣○毛名豆気多理　伊布須敝能　多豆伎母奈吉波　安賀未奈里家利 （恋ふといふはえも名づけたり言ふ為《す》方《べ》の手《た》付《づ》きもなきは吾が身なりけり） 4133 波里夫久路　己礼波多婆利奴　須理夫久路　伊麻波衣○天之可　於吉奈佐備勢武 （針袋これは賜りぬすり袋今は得てしか翁さびせむ）

このように万葉仮名「衣」の用いられた作品を巻を追って拾っていくと、その訓みはソからエへ、ある時点で交替していることに気づく。もしこの二つの訓みが交雑しているとすると、仮名の役は果たせないことになるだろうから、これは当然のことといえよう。

ではその転換はいつだれのころ起こったのだろうか。作者・年代不明の作品が多い中で、まずソとして用いたことの知られるのは、巻三の二首で、はじめ（三〇〇番）が長屋王、つぎ（三一八番）が山部赤人の作である。

長屋王といえば天武天皇の孫で、近年平城宮に接したその大邸宅趾から出土した大量の木簡の一つに「親王」と記されたものがあって注目を引いた人物である。漢詩人としても造詣があり、藤原不比等没後、一時左大臣として政権をリードしたが、謀反の疑いをかけられて自殺に追い込まれた（長屋王の変）。時に天平元年（七二九）、享年四六であった。

赤人は言うまでもなく、前代の柿本人麻呂と並び称された歌人であり、生没年は未詳であるが、作品の古いのは神亀元年（七二四）で、それから天平八年（七三六）までの作歌が知られる奈良時代前期の宮廷歌人であった。

つぎに「衣」をエと読んだ万葉集の作品は後半に集中しており、巻十五の初句が「天飛ぶや」の歌（三六七六番）は、作者不詳であるが天平八年遣新羅使一行中のひとりの作歌であることが知られている。

万葉集の編集者のひとりとされている大伴家持の作品は天平五年（七三三）が最初の作であるが、巻十七以降は家持の歌日記であるともいわれ、ここに挙げられた巻十八の「恋ふといふは」もその一首（四〇七八番）で、天平二十一年（七四九）三月十五日越前国次官大伴池主が当時越中守であった大伴家持に贈った歌に答えた一首である。

家持の最後の歌は天平宝字三年（七五九）正月一日初雪に新年の吉事を祈った作品

で、万葉集の悼尾を飾った。

こうしてみると、「衣」をソと訓んだのは、山部赤人の活動した奈良時代前期までで、その後、大伴家持が活動した同時代中後期には、これをエの仮名として用いるようになったことが知られる[3]。

むすびに

以上、万葉集の作品によって、「衣」は万葉仮名として奈良時代前期まではソと訓むことができ、これがエと訓まれるようになったのは同時代天平年間になってからであったことが知られる。

したがって「衣評」の「評」は大宝律令（七〇一年）以前の郡制の呼称であり、これを載せた勅書も明らかに文武四年（七〇〇）であるから、「衣評」をエノコオリとは訓めず、ソノコオリ、すなわち「曽評」のことであった。

この地は高千穂峰を神体山として仰ぐ隼人がその山麓一帯を占めており、日向国府に近かったので、評制もその懐柔のために他の隼人居住地より早く実施されたのであろう。

文武四年の勅によって処罰されるべき隼人の所在地を見ると、「衣評」を中心に、その北西に「薩末（薩摩）」、南東に「肝衝（肝属）」があって、これら三地域の支配者が九州南部の隼人の勢力圏の代表として中央と対峙していたわけであるが、政府調査団に対する一部隼人の暴行が口実となり、いわば連帯責任者とされて、ついに処罰（実は征討）を受け、まず大宝二年（七〇二）に薩摩国の成立を見るに至った。

遅れて『続日本紀』和銅六年（七一三）に大隅国が日向国から四郡を割いて成立した。その中に曽於・肝坏（肝属）が入っていた。その成立前、同三年正月二十九日条によると、「日向隼人曽君細麻呂」という「衣君」氏の一族とみられる人物が「荒俗を教喩し・聖化に馴服させた」という功績によって叙位されることがあった。この協力があっての大隅国分置であったろうが、やはりこの時も隼人の反乱が起こり征討が行われて成立した。

なお同書延暦七年（七八八）七月四日条によると、「去三月四日大隅国贈於郡曽乃峰」が大噴火を起こしたという大宰府からの報告があった。「曽乃峰」とは現在の「御鉢」であり、高千穂峰と境を接するその位置を見ると、かつて大隅国設置以前は両峰そろって曽君氏の崇拝するところであったろうことが察せられよう。中央政権は天孫降臨伝承の峰は日向国に留め置いたのである。

以上のような次第で、古代「衣評」はソノコオリ（曽評）と訓み解くべき地名であるとみられるのである。

註

（1）上代特殊仮名遣については、左記の二著書所収の各論文を参照した。
『橋本進吉博士著作集　第三冊　文字及び仮名遣の研究』（昭和二十四年、岩波書店）所収の「古代国語の「え」の仮名について」の中の「四　頴と娃」、及び『同著作集　第四冊　国語音韻の研究』（昭和二十五年、同書店）所収の「古代国語の音韻について」。

（2）日本古典文学大系『万葉集』（一～四）（昭和二十四年～二十七年、岩波書店）に拠る。
参考までに長歌の該当作品を挙げると、巻六（九三五番）中に「吾者衣恋（われはそ恋ふる）」、および巻十三（三二八八番）中に「神祇二衣吾祈（神祇《かみ》にそわが祈《の》む）」とあり、二例ともソと訓むものである。
これらの長歌二首の作者については、前者は神亀元年（七二八）秋、聖武天皇の播磨印南野行幸に供奉した笠朝臣金村の作品で、金村はその作歌年代がほぼ山部赤人と同時代の宮延歌人であった。後者は作者・年代ともに明記はないが、二例とも本表該当欄に配列しても、他と矛盾することのない作品であることが知られる。

（3）拙論からみて例外とみられるのは、巻二（九五番）の藤原鎌足の作と伝える左記の短歌である。

「吾者毛也　安見児得有　皆人乃　得難尓為云　安見児衣多利（われはもや安見児得たり皆人の得難《えがて》にすとふ安見児得たり）」

すなわち奈良時代以前にすでに「衣」をエと訓んでいる例が見られるのである。しかしながら、前記『万葉集二』（「各巻の解説」四五頁）によると、巻二は巻一と合わせて「勅撰」ともみられるが、「増訂」による多少の混乱も見られる。「恐らく蒐集・分類・増訂の間に相当な時間の経過があり、（中略）最後の形はその後の手入れを経ているのではないだろうか。」と述べられていることからみて、この「衣多利」も後人（特に大伴家持）の手が加えられたものとみることができる。

さらにもう一例追加すると、巻八（九八五番）に女流歌人大伴坂上郎女のつぎの作品がある。

「山葉　左佐良榎壮士　天原　門度光　見良久之好藻（山の端《は》のささらえ壮士《をとこ》天の原門《と》渡る光見らくし好《よ》しも）」

そしてこれには左注（作品の左に付けられた注釈）として「月の別名を佐散良衣壮士という」とある。ここに「衣」をエと訓んだ例が見られるわけであるが、作者は大伴家持の叔母であり、この注釈もまた万葉集の編者である家持の記したものとみられる。

後記

本拙稿は、隼人文化研究会四月例会における「薩隅古代史雑感」と題する愚考の一部をまとめてみたものです。ご清聴いただいた諸先生方に深く感謝申し上げます。（二〇一四・六・一二）

『南九州市薩南文化』第七号　（平成二十七年（二〇一五）三月三十一日　南九州市立図書館発行）

薩摩・大隅古代史の謎をよむ

はじめに

隼人討ついくさの史書《ふみ》を読み解けば異説となりぬやむにやまれず

文題中の「謎をよむ」として「よむ」を仮名書きにしたのは、「読む」のほかに「詠む」の意味をもたせたものである。そこで各節の冒頭に愚詠を掲げて、その要旨等を示してみた。要点記憶の一助となればとの思いからである。

この腰折れに「異説」などと、口はばったい言葉を用いてみたが、筆者としても、すでに兼好法師の『徒然草』第百十六段に左掲のような誡めの文があるのを知らないわけではない。しかしながら、やはり郷土の歴史のためにその正しい足跡をのこしておきたいという一念から試みたものであることをご諒承いただきたいと思う。

寺院の号、さらぬ万《よろづ》の物にも、名をつくる事、昔の人は少しも求めず、ただありのままに、やすく付けたるなり。この比《ごろ》は深く案じ、才覚あらはさんとしたる、いとむつかし。人の名も目慣れぬ文字をつか《(ママ)》んとする、益なき事なり。

何事も珍しき事を求め、異説を好むは、浅才の人の必ずある事なりとぞ。

最後の二行には返す言葉もないが、冒頭の愚作にも述べたように、ただ「やむにやまれぬ」思いからであることを重ねて諒としてほしいと願うばかりである。

一　薩摩国成立

文武四年命《みこと》承《う》け府は隼人討ち大宝二年薩摩国成る

『続日本紀』文武二年（六九八）四月十三日（以下本書引用の年月日は書名を略す）中央政権は、当時まだその版図に入っていなかった九州南部、および南島に覓国使《べつこくし》すなわち国土編入調査団を派遣した。

この一行は翌三年十一月四日に帰国したが、その間に現地隼人から脅迫を受けたという。この事件は一行の帰国と同時に報告があったものとみられるが、政権がこれを口実に、あるいは好機として隼人征討の兵を起こしたのは、七か月後の翌四年六月三日のことであった。おそらく賛否両論が噴出して朝議が容易に決しなかったのであろう。その日の記録は次のとおりである。

薩末比売・久売・波豆・衣評督衣君県、助督衣君弖自美、又肝衝難波、従㆓肥人㆒等、持㆑兵剽㆓却覓国使刑部真木等㆒。於㆑是勅㆓竺志惣領㆒、准㆑犯決罰。

文末の「准犯決罰」とは、「これらの化外の民（隼人）の犯罪も公民の例を適用して処罰せよ」ということであろうが、通説は「処罰した」と解して、事はこれで決着したものと述べている。しかしながら、これでは記録日の「六月三日」とは具体的にどんな日であったのか、説明がつかないのである。

再考してみると、この条項は単なる政府内の事務局の記録ではなくて、この日に発令した勅語そのままの文であり、『続日本紀』編纂に際して政府内に保存されていた控えの文そのものを筆写したものである。すなわち政府が筑紫惣領（後の大宰府長官）に宛てた隼人征討令なのであり、事はこれから始まるのである。

そこでこれが征討令であるかどうか調べるために、まず文の構成を確かめてみると次のとおりである。

（a） 薩摩比売（中略）らが兵（武器）を持って覓国使刑部真木らを脅迫した。

（b） そこで筑紫惣領に勅を下して、

（c） 准犯決罰せよと命じた。

すなわち、（a）征討の理由、（b）征討責任者の任命、（c）征討命令となる。

ここで参考になるのは、養老四年（七二〇）に起こった隼人による大隅守殺害事件に際して、同年三月四日に征隼人大将軍に任ぜられた大伴旅人に与えられた任命書であり、それが同年六月十七日の慰問の詔勅に引用されているので次に示す。

今西隅小賊、依レ乱逆レ化。屢害二良民一。因遣二持節将軍・正四位下・中納言・兼中務卿大伴宿祢旅人一、誅二罰其罪一。

この文の構造を先述にならって調べてみると次のとおりである。

（a） 今、西隅の小賊（隼人）が乱を依《たの》み、化（王化）に逆らい、しばしば良民に危害を加えている。

（b） よって持節将軍（中略）大伴宿祢旅人を遣わし、

（c） その罪を誅罰せよと命じた。

両者の文構成は全く同様であることが確かめられよう。したがって、先の文武四年の勅令は筑紫惣領に対する隼人征討令にほかならないことが知られるのである。

こうして隼人征討の決行には、覓国使が帰朝して七か月を要したわけであるが、命令を受けた大宰府でも人材が乏しかったのか、同年十月十五日になってやっと新たに筑紫惣領（後の大宰府長官）に石上《いそのかみ》麻呂、大弐（次官）に小野毛野（妹子の孫）を任命して事に当たらせることになった。石上麻呂は遥任であり、征討軍の指揮は小野毛野が執ったものとみられる。

こうして小野毛野を征討軍の指揮官として陣容を整えて発兵したのはおそらく大宝元年（七〇一）を迎えてからのことであったろうと思われ、記録によると政府は、同年八月八日、明法《みょうほう》博士を六道〈分注。七道の中から西海道を除く〉に派遣して、新令（大宝令）を講釈させた。すなわち、この年三月に完成した大宝令の講釈・説明会をするについて、西海道すなわち筑紫（後の九州）を除いて、六道（東海・東山・北陸・山陽・山陰・南海）だけに明法博士を派遣して実施されたというのであり、大宰府管内は隼人征討が進行中で、府官および諸国司の多くはこれに従軍していて、人員がそろわなかったことがうかがわれる。

やがて、後述する大宝二年八月一日に「校戸置吏」（戸口を調査して官吏を置く）という、大宰府からの報告とみられる征討の終了をうかがわせる記録があり、このことと関連する注目すべき記録が、この年の四か月前の三月三十日にみられる。訓読文にすると次のとおりである。

「大宰府に専ら所部の国の掾（三等官）已下及び郡司らを詮擬することを聴《ゆる》す」

この裁可は大宰府からの要請によったものとみられ、諸国の掾（三等官）以下、および郡司の任用については、国司の推挙による候補者を式部省が選考して奏上することになっていたのを、これからは大宰府管内においては、式部省の関与は止めて、大宰府が選考して奏上するというのである。

どうしてこのような大宰府の異例な専権事項が認められたのだろうか。おそらくこのころには征討の武力行使も終息し、郡郷の区画編成を終え、郡司らの任命に当たっては、現地人からその採用ができるようにして政局の安定をはかろうとする懐柔策がとられたものと思われる。

こうして同年五月二十二日には小野毛野に勅が下り、「朝政に参議する」よう命ぜられた。征討後の経営も進捗したので、律令政権は毛野を必要とし、論功行賞かたがた召還させたのである。

そして前述したように八月一日に次の記録がなされた。

「薩摩・多褹・化《おとむけ》を隔てて命《おおせ》に逆ふ。是《ここ》に兵を発《おこ》し征討し、遂に戸を校《しら》べ吏を置く。」

通説では、ここに「発兵征討」とあるのは、新しく征討がなされたものとされているが、これは勅命の復唱であり、任務を遂行したことを復命したものである。

二　衣評

赤人は「真白衣《ましろにそ》」と詠み家持は「衣毛名豆気多理《えもなづけたり》」と替へし訓みかな
前項で述べた文武四年の詔勅に見える「衣評督衣君県（「主」の脱落であろう）」の「衣評」について、通説ではエノコオリと読んで、『和名抄』に見える「薩摩国頴娃郡」に比定されて、これまで疑念が抱かれることはなかったようである。ただ国語学界では、万葉仮名としての「衣」のエは、ア行のエすなわち母音であり、これに対して「頴娃」の語頭のエは、『和名抄』に「江乃」（「乃」は助詞が混入したもので無視できる）とあるように、おそらく「開聞の江」と呼ばれていた「江」を地名の二字化に際して、「江」と同音で、その好字である「頴」に改めて、母音の「娃」を添えたものであり、この「江」はヤ行のエを表わしているので、「衣評」を「頴娃郡」とを同一地であるとすることには疑問が述べられていた。

では「衣評」とはどこに比定すべきか。この問題を解決すべく提言できるのは、「衣」の万葉仮名としての読みには、ソという言い方があるということである。例えば「衣通姫」はソトオリヒメと読んで、歴史学上でも国文学上でも著名な人物である。とすると、「衣」はすでに「万葉仮名類別表」（橋本進吉博士）でも挙げられているように、エとソの二通りの読み方があったわけであり、「衣評」をエノコオリと断定するのは片手落ちな取扱いというべきであろう。

では、万葉仮名「衣」のソとエとの違いはどういうところにあるのだろうか。管見ながら、まだこれまでその結論に接したことがなかったので、あらためて『万葉集』二十巻四千五百余首に当たってみたところ、左記の結果を得た。

この表について、深い考察をする力はないが、一見して、「衣」の万葉仮名の読み方としては、ソの用例の数が多く、そしてソの用例が時代は古く、エが新しい読み方であることがうかがい知られる。

訓み	巻数	万葉仮名「衣」の使用作品番号
ソ	三	三〇〇・三一八
	七	一二四三
	十	二二三七
	十一	二五四七・二五七一・二五七五・二五八八
		二五九八・二六七七・二七一六・二七二五
	十二	二八八五・二九三三・三〇二〇
	十三	三二五九
	十四	三五七三
エ	十五	三六七六・三七三五
	十八	四〇七八・四一三三

そこで、有名歌人、また無名であっても作歌年代の知られる作品を挙げてみると、①から④まで四首が該当するので、作者をあげて、原文を（括弧内に訓み下し文を入れて）紹介しその作成年代を知る（あるいは推定する）手がかりとしたい。

巻三—三〇〇番は長屋王の作品である。

佐保過而　寧樂乃手祭尓　置幣者　妹乎目不離　相見染跡衣

（佐保過ぎて奈良の手向けに置く幣《ぬさ》は妹を目離《か》れず相見しめとそ）

長屋王は天武天皇の孫に当たり、藤原不比等の死去（七二〇年）後政権を執ったが、密告によって捕らえられ神亀六年（七二九）に自尽した。

同三一八番は山部赤人の有名な富士を詠んだ作である。

田児之浦従　打出而見者　真白衣　不尽高嶺尓　雪波零家留

（田児の浦ゆうち出でて見れば真白にそ富士の高嶺に雪は降りける）

赤人は生没年不詳、この歌（長歌に添えられた反歌）の作成年も不詳であるが、天平八年（七三六）宮廷歌人として芳野離宮行幸に従駕した時の歌を最後としている。

巻十四―三六七六番は天平八年新羅に遣わされた使人一行のひとりが詠んだ作品である。

安麻等夫也　可里乎都可比尓　衣弓之可母　奈良能弥夜故尓　許登都礙夜良武

（天飛ぶや雁《かり》を使ひに得てしかも奈良の都に言告《こと》げやらむ）

中国の「雁書」の故事を詠みこんだところ、作者はやはり宮廷に仕える知識人であったことがうかがわれる。

巻十八―四〇七八番は万葉集編纂者のひとりともいわれる大伴家持の作品である。

故敷等伊布波　衣毛名豆気多理　伊布須敝能　多豆伎母奈吉波　安賀未奈里家利
（恋ふといふはえも名付けたり言ふすべのたづきもなきは我《あ》が身なりけり）

家持が越中守として在任中の天平二十一年（七四九）三月、一族とみられる越前国掾大伴池主から贈ってきた歌に応えた作品である。

こうしてみると、「衣」をソからエの仮名としたのは、奈良時代（七一〇―七八四）に入ってからのこととみられる。

とすると、文武四年の勅語の「衣評」は当然ソと呼むべき文字であり、この地は『日本書紀』神代の巻の天孫降臨の段に見える「日向の襲《そ》の高千穂」と同地であり、「衣君」とは和銅三年（七一〇）に見える「日向隼人曽君細麻呂」とおそらく一族とみられる。

そこで、あらためて文武四年勅令に記された人物を挙げてみると次のとおりになる。

○薩末（摩）比売・久売・波豆
○（日向国）衣評督衣君県・助督衣君弖自美
○肝衝（属）難波

こうして並べてみると、これら三地域は現在の薩摩半島川内川流域（薩末氏）・鹿児島湾奥部（衣評）・そして大隅半島肝付川流域（肝衝氏）とほとんど九州南部の全域を覆うており、これら三氏は隼人を代表する有力首長であったとみられる。とすると、大和政権は覓国使事件について、全隼人の責務を問うたものとみられる（ただし、薩摩半島南部の万之瀬川流域に居住したとみられる阿多隼人の名が見られないのは、すでに朝貢隼人であったことによるものだろうか）。

なお、薩摩・肝衝の語源について、前者は「猟矢《さつや》」（万葉集一巻六番）、「猟弓《さつゆみ》」（万五―八〇八）、「猟人《さつひと》」（万一〇―一八二〇）と同じく、サツは幸《さち》と同源で狩《かり》の意味。マは「まほらま」＝「まほろば」と同じく場所を意味するのではないか。後者の「肝」は「雲」の訛言で、「雲を衝く大男」と言うようにこの地には巨人がいたのではないか。『日本書紀』天武十一年（六八二）七月三日朝貢した大隅隼人と阿多隼人が朝廷で相撲をとって大隅隼人が勝ったという。

なおまた、冒頭の愚作の第五句「替へし訓《よ》みかな」の「かな」は「哉」と「仮名」を掛けたつもりである。

三　大隅国成立

薩摩国火の神の島鹿児島は大隅国成りその「志摩」となる

薩摩国が成立してから十一年後の和銅六年（七一三）四月三日、日向国から肝坏（属）・贈於・大隅・姶䕝（良）の四郡を割いて、初めて大隅国を設けた。国府は贈於郡に置かれたが、後に同郡は分割されたので、その所在地は桑原郡と改称された。

この大隅国設置に際しては、隼人の反乱があって、この討伐に戦功のあった者一千二百八十余名に叙勲が行われたという。おそらく大隅国の建置に当たっては、隼人の伝統や習俗を無視するような改変が実施されて、隼人としては抵抗せざるをえなかったのであろう。ではどんな歴史的事実があったのであろうか。

この謎を解くかぎとして、まず「和名抄」（九六〇年代成立）によって、薩摩国の郡郷の編成状況を見てみると、当時神体山として隼人の崇拝を集めていた鹿児島（桜島）からその名を借りた鹿児島郡について、その郷名を見ると僅か三郷しかなく、左記他国の神体山を郡名にした例と対照してみると、何か郷数だけでない不足感を覚えずにはいられないのである。

○筑波郡（常陸国）

大貫・筑波・水守・三村・栗原・諸蒲・清水・佐野・方穂

○阿蘇郡（肥後国）

波良・知保・衣尻・阿蘇

○鹿児島郡

都万・在次・安薩

一見して気づかれるように筑波郡・阿蘇郡にはそれぞれ同名の郷が存在しているのに、鹿児島郡にはそれが見られないのである。いったい郡名・郷名の先後関係を考えてみると、著名な神体山では、これを遥拝する同名の神社が山麓に建てられ、その所在地周辺がその郷名となり、これをふくむ郡が設定されると、その郡にも同名を付けたと考えるのが通例であろう。

とすると、鹿児島という名の郡が薩摩国内に定められたからには、当初島は薩摩国領に入っていたと推測されるのである。

そこで、またあらためて『和名抄』で大隅国を見ると、その贈於郡に「志摩郷」として、その注に「国（大隅）は島の字を用いる」と記しており、これが薩摩では鹿児島郷であったことは言うまでもなく、鹿児島郡とは混同するのを避けて「島」を二字化したのである。

では、どうして鹿児島（桜島）をこのように移籍する必要があったのだろうか。

当時中央政権は大宝律令を制定すると、八省諸司を総管する大政官に並立して神祇官を設け、それまで諸国の在地領主が掌握していた主要な神社を官社として、その祭祀権を吸収するなどして、各神社を保護と管理・統制下に置いて、中央集権確立の一策としたことが知られている。

大隅国設立に際しては、それまで曽君氏が天孫降臨の峰として信奉していた高千穂峰を日向国に留めて、曽君氏は大隅国贈於郡に追いやられたとみられるが、その際大隅国にしかるべき神社がなく、幸いに薩摩国に鹿児島神社と同じく火の神開聞岳を神体山とする枚聞神社があったので、これを薩摩国の守護神として、鹿児島神社を大隅国の守護神として勧請することにした。それについては、その神体山である鹿児島（桜島）を大隅国領に移籍したのである。

このことを傍証する史料としては、『三代実録』貞観三年（八六〇）三月条によると、薩摩国で贈位された神社で最高位には従四位下開聞神が挙げられていて、その下位五神の一つに従五位上鹿児島神が載せられていることである。これはすでに鹿児島神は大隅国に勧請されていることを示している。また同書同八年四月条によると、上位に従四位上開聞神が挙げられ、そのほか一社が贈位されているが、鹿児島神の名は見られない。これは同一神が二国にわたって異なった神階を与えられているのは例がないとして削られたのであろう。

この後、九二七年に撰進された「延喜式」神名帳を見ると、両国の首位には次の二社が挙げられている。

○薩摩国頴娃郡一座小　枚聞神社

○大隅国桑原郡一座大　鹿児島神社

令制によると、神社の神階は、正三位以上が大社、従四位以上が中社、それ以下が小社とされていたという。

いずれも後の一宮であるが、鹿児島神社が大社として殊遇されたのは、やはり薩摩から遷座された神社であったからであろう。すなわち、大隅国設立当初、とくに日向国曽君一族はそれまで信奉していた高千穂峰と絆を断たれ、大隅隼人とともに鹿児島神への崇拝を押しつけられ、また薩摩隼人も鹿児島（桜島）から遠方の開聞岳崇拝を強制されて、いわば宗教的迫害を受けたわけで、その苦痛は大きく、先に述べたように反乱に至ったものと思われるのである。鹿児島神社が破格の待遇、保護を得たのもその宥和のためであったとみられるのである。

むすびに

豎子《じゅし》の名は成らずともよし万人の真理求むる一人しならば

一節では、文武四年の勅令が、大宰府による隼人征討を命じたものであることを明らかにした。中央政権がこの征討に自らのり出さなかったのは、当時中断していた遣唐使の再開、律令の制定などに忙殺されていたためであろうと思われる。

とにかく大宝元年中に征討が行われていたことは、この年の八月八日、政府は新令（大宝令）の講釈をするために全国七道の中で西海道を除く六道に明法博士を派遣したことから知られる。大宰府管内が除かれたのは、もちろん征討のために聴講する余裕がなかったのである。

二節では、万葉仮名「衣」の読み方に二通りあり、その用例を見ると、ソからエに変換しており、代表的な万葉歌人である山部赤人はソと読み、同じく大伴家持はエと読んでいることが知られた。

したがって「衣評」の「衣」は赤人の時代の文書としてはソと読むべきであり、ソノコオリといえば、日向国の評制では「曽評」の存在が推認されるのである。

三節では、鹿児島（桜島）は薩摩国成立時には同国領であったが、大隅国成立に際しては同国領に移籍された。これは大隅国の守護神に鹿児島神を迎えるために、これと不離一体である神体山としての島を移す必要があった。大隅設立の際に反乱が生じたのは、はじめこの異動を承服しがたかったからであろうと思われるのである。

以上、三節いずれも繁簡よろしきをえない未熟な説明に終始したが、それでも薩摩・大隅建国以来一千三百余年の間、苔の下に埋もれて一顧だにされなかった史実の掘り起こしをはたしたという自負の念がわいてこないでもない。

ともかく本節の腰折れを紹介すると、第一・二句は「豎子の名を成さしむ」という故事からとり、第三・四句は、岩波文庫巻末に所載の創始者による「読書子に寄す」の冒頭の名言「真理は万人によって求められることを自ら欲し」という、真理自らがもつ本願を信じ、これに任せるほかないとの思いから生まれたものである。

ご賢察のほどよろしくお願い申し上げるしだいである。

〔付記〕

鹿児島から桜島と名称が改まった由来については旧稿があるので、それに譲ることにして、二三気づいたことがあるので付記してみる。

(一) 大隅国の「志摩」郷については、島の二字化であることは先述のとおりであるが、シマには地域を表わすことがあるといわれる。ところが古代において、『万葉集』を見ると、「山斎」と書いて「しま」と読み、大伴旅人の作品に「妹として二人作りしわが山斎《しま》は木高く繁くなりにけるかも」(巻三―四五二)とあるように、築山・泉水のある庭園をさすのが普通のようであり、これが限られた地域をさすようになるのは近世になってからのこととみられる。

(二) 鹿児島と呼ばれていた当時の桜島は、天平宝字八年(七六四)に噴火があり、海中(霧島市海岸)に三つの小島が出現した。これは史実である(『続日本紀』)。

ところが、その後、鹿児島神社が八幡神を祀るようになったころ、宇佐八幡宮の史料によると、天平神護三年に「神が造った島に行幸したい」という託宣があり、島名を「麑子島」と名づけたという。そして、「麑子島」にカゴシマと振り仮名を付けて、これが鹿児島という呼称の最初であるといわれたりすることがある。

しかしながら、麑子島は文字どおりカゴノコジマと読むのが正しい読み方であり、鹿児島もやはり先述したとおり、薩摩国の鹿児島郡として見えたからには薩摩国と同時の大宝二年が初見の地名(島名)であるとするのが正しいと思われるのである。

参考文献

○橋本進吉博士著作集第三冊『文字及び仮名遣の研究』（昭和二四年・岩波書店）
（特に「古代国語の『え』の仮名について」参照）
○同氏著作集第四冊『国語音韻の研究』（昭和二五年・岩波書店）
（特に「古代国語の音韻に就いて」参照）
○日本古典文学大系『萬葉集』（一〜四）高木市之助他（昭和三二年〜三七年・岩波書店）
○岩波文庫版『万葉集』（一）〜（四）佐竹昭広他（二〇一三〜二〇一四）
○新日本古典文学大系『続日本紀』青木和夫他（一九八九年・岩波書店）

『南九州市薩南文化』第八号（平成二十八年（二〇一六）三月三十一日　南九州市立図書館発行）

あとがき

今年私も人並みに米寿の賀に遇うことができたので、記念として僅かばかり書きためていた小文で冊子を編んでみることにした。

見返してみると、少なからぬ重複にその誇りを免れない小文集であるが、このような作品でも愛着を断ち難く、これも老いの執念とご寛恕を願うばかりである。

私がとくに薩摩国の成立史に定説がないと知り、関心をもちはじめて七・八年になろうとするとき、本年二月に遠藤慶太氏著『六国史』（中公新書）の出版に接して、左記のようなご見解を目にすることができ、これを予備知識にもっていたら、もっとましな記述ができたろうにと悔やまれることであった。

戦前を代表する東洋学者、内藤湖南《ないとうこなん》（一八六六―一九三四）は、歴史と記録・史料を対比し、六国史を引き合いに出した。『史記《しき》』なら司馬遷《しばせん》、『漢書《かんじょ》』なら班固《はんこ》といった著述者の見識が発揮された中国の歴史書と比べたとき、きっと湖南の目には六国史が物足りなく映ったのだろう。六国史は、「官報《かんぽう》を綴《と》じ込んだようなもの、毎日毎日書いたものが何時《いつ》の間にか集まったもの」（「白石の一遺聞に就《つき》て」）と評している。

湖南の発言は、手当たり次第に書かれた目的のない、つまり歴史観のない書物、といった消極的な評論であった。しかしこれを筆者なりに捉《とら》えなおすと、六国史の記事が公文書、日録を材料としたことへの着目であり、史料としてみるならばむしろ、大きな利点と写る。

（同書四頁）

それでも同書にはまた次のような記述があって私を安堵させるものがあった。

『続日本紀』が古代史を学ぶ入り口の役割を果たすのは、扱っている時代が七〇一年の大宝律令の施行によって国家の体制が確立された時期であることが大きい。この時代のこれを学べば、古代全体にわたる基礎知識を得ることができるからだ。また『続日本紀』は『日本書紀』とは違って紀年の延長や神話の巻がない。政府の公文書を材料にして事実を書いているので、史料の性格を把握しやすい。

（同書七一頁）

これによって私が年来見定めてきた『続日本紀』における文武四年（七〇〇）六月三

日付の条文は、まさに大宝律令制定前年に発布された、公文書の最たる詔勅であり、大宝二年八月一日付のそれはこれに応じて征討を終え、薩摩国設立の基礎である「校戸置吏」の行政措置を完了したという大宰府からの復命書の写しで、両者合わせて隼人征討の始終、すなわち薩摩国成立前史を伝える史料であることを裏書きしてもらえるご発言とみられたからである。

次に「衣評」について蛇足を加えてみると「衣」の万葉仮名にソとエとがあることは、すでに指摘されていることであるが、この両者の使用に時代差があることは、国語学界の碩学の先生方からも指摘されることがなかったのではないかと、管見ながら思われたので、数日かけて肉眼で万葉集の全歌にわたってその該当歌（短歌）を検出してみたものである。すなわち「衣」は「曽」に当たり、「衣評」は日向国の評（郡）の一つであり、当時は南九州の隼人社会を統治する前線基地となっていたのではないかと思われる。

時代性といえば、薩摩国と大隅国の成立には十一年の年代差があったことはだれしも認める史実であるが、『和名抄』の記載を見るときにはそのことが失念されていたようである。というのは、同書によると薩摩国鹿児島郡は当時神体山として仰がれていた島名から付けた名称でありながら、その本体である鹿児島郷が見えないのに対して、大隅国曽於郡に志摩郷があり、これが鹿児島郷を略した命名とみられ、これらのことは島および同名の神社が薩摩国から大隅国に移籍されたものと考えるのか自然な推測であり、当時の祭政一致の政策を思うとき至極穏当な推理ではないかとみられるからである。

なお一部については、島津氏および郷土史にかかわる考察で旧著『島津忠久とその周辺』とその改訂版および拾遺版でふれたことであり、ここでは省略に従いたい。

末筆ながらこれまでご指導いただいた諸先生方にはもちろん、在職中から定年退職後もお世話いただいた南九州市立ミュージアム知覧、および同市立知覧図書館、さらにこの小文集の表紙を貴重な文化財で飾らせていただいた、その所蔵者尚古集成館の皆様方に対して深く感謝申し上げますとともに、忌憚ないご叱正をお願いしたいとおもいます。

二〇一六年十一月一二日

江平　望

江平　望（えひら　のぞみ）

1927年鹿児島県川辺郡（南九州市）知覧町生まれ
1988年鹿児島市公立学校教員退職
2008年南九州市文化財保護審議会委員（2015年辞職）
著書　島津忠久とその周辺（高城書房1996年）
執筆協力　知覧町郷土誌（1982年）
指宿市誌（1985年）
笠沙町郷土誌（1991年）
鹿児島大百科事典（南日本新聞社1981年）
鹿児島県地名大辞典（角川書店1983年）
鹿児島県風土記（旺文社1995年）
鹿児島県の地名（平凡社1998年）など

続 島津忠久とその周辺　付、薩摩大隅建国事情散策

平成29年3月13日初版発行

著　者　江平　望
発行者　寺尾　政一郎
発行所　株式会社高城書房
鹿児島市小原町32-13
TEL 099-260-0554
振替 02020-0-30929
印刷所　大同印刷株式会社
HP http://www.takisyobou.co.jp

ISBN978-4-88777-161-1 C0021